In diesem Heft gibt es speziell zu einigen Rechtschreibfällen Diktate. Diese stehen direkt bei den einzelnen Kapiteln dabei. Am Ende des Heftes befinden sich noch sechs übergreifende Diktate. Wer noch mehr Texte üben möchte, findet dazu eine gute Möglichkeit im **Hauschka-Lernheft 243**: **Diktate**.

Hallo, ich bi
Übe fleißig das Recht
Wenn du eine Aufg
kontrolliere deine Erge
mit dem Lösungsteil nach Seite 46.

Nachschlagen – Ordnen nach dem Alphabet (Abc)

1 Wie viele Buchstaben hat eigentlich das Alphabet?

▶ Schreibe sie hier auf und zähle!

A, B, C, ____

____

Es sind ____ Buchstaben.
Außerdem gibt es noch diese drei Umlaute: __, __, __
und einen Buchstaben, den du **nicht** großschreiben kannst: __.

Die Lösung findest du unter **1** im herausnehmbaren Lösungsteil nach Seite 46.

2 Suche die Wörterliste ab Seite 80!
Zu diesen Anfangsbuchstaben gibt es keine Einträge in der Liste: ________.

3 Setze die Buchstabenreihe sinnvoll fort!

A b E f I j ___ ___ ___ ___ ___

A Z B Y C ___ ___ ___ ___ ___

Wenn Wörter den gleichen Anfangsbuchstaben haben, musst du sie nach ihrem zweiten, dann nach den weiteren Buchstaben ordnen.

4 Was macht Amelie gerne?

▸ Ordne diese Wörter nach dem Alphabet und schreibe sie auf, dann weißt du es!

~~Amelie~~, Rosinen, Sahne, Zimt, gute, viel, Kuchen, und, mit, gerne, Nüssen, bäckt

Amelie ______ ______ ______ ______

______ ______ ______, ______,

______ ______ ______ ______.

5 Vorsicht: Umlaute (**ä, ö, ü, äu**) ordnest du wie **a, o, u, au** ein! Zum Beispiel ist K**ä**fig wie K**a**fig eingeordnet.

▸ Ordne nach dem Alphabet! Nummeriere die Wörter!

	Elch		Eisbär		Ente		Esel
	Emu		Elefant		Eisvogel	1	Eidechse

	Bäcker		Bahn		Bruder		Bad
	Brett		Brücke		Blitz		bloß
	Bär		Beruf		boxen		blitzen

6 ▸ Suche die Wörter in der Wörterliste ab Seite 80!
▸ Welches Wort steht in der Liste davor, welches danach?
Schreibe auf! (Nomen mit Artikel)

beobachten	←	bequem	→	**bereits**
	←	die Höhe	→	
	←	die Tanne	→	
	←	der Stamm	→	
	←	vorher	→	
	←	die Ferien	→	
	←	wichtig	→	
	←	der Stiel	→	

7 ▸ Suche die passenden Nomen (Namenwörter) in der Wörterliste!
▸ Schreibe sie auf und ergänze jeweils die Seitenzahl, auf der sie stehen!

Seite: ______

Seite: ______

Seite: ______

Seite: ______

Seite: ______

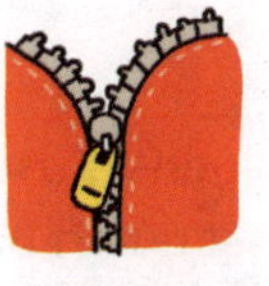

Seite: ______

8 Welche verwandten Wörter stehen zu diesen Wörtern in der Wörterliste?

▸ Schreibe die Wörter auf!

beginnen: **begann, begonnen, der Beginn**

entwickeln: ____

schwimmen: ____

verbrennen: ____

9 Die folgenden Wörter sind von einem **Grundwort** abgeleitet.

▸ Unter welchem Grundwort musst du diese Wörter nachschlagen?

die Nüsse	→ **Nuss**	die Wälder	→ ____
es schwamm	→ ____	er lief	→ ____
sie vergaß	→ ____	wir wogen	→ ____
ehrlicher	→ ____	am dicksten	→ ____

10 **C**, **Ch** oder **K**? Suche in der Wörterliste und trage den richtigen Anfangsbuchstaben ein! Beachte die Groß- und Kleinschreibung!

___ristbaum	___etchup	___lown	___ompass	___nie
___ool	___ratzen	___reme	___omputer	___or

Übrigens: Zusammengesetzte Wörter musst du oft bei den einzelnen Wörtern suchen: Schuhcreme = Schuh + Creme.

Richtig abschreiben

	**1** Lies das Wort oder die Wortgruppe genau!	harte Nüsse knacken
	**2** Suche schwierige Stellen und markiere sie!	harte Nüsse knacken
	**3** Decke die Vorlage ab!	hart  e knacken
	**4** Schreibe den Text auswendig auf!	*harte Nüsse knacken*
	**5** Vergleiche Vorlage und Text! Verbessere Fehler!	*harte Nüsse knacken* ✓

11 Schreibe diese Wörter mit Hilfe der fünf Schritte ab!

Computer, Hammer, Müllmann, Lehrerin, Bäume, Qualle, Handy

▶ Schaffst du es, dir mehrere Wörter gleichzeitig zu merken? Probiere es!

Rechenquadrate, Blumenvase, Tierrätsel, Arztkittel, vielleicht, Räuberhöhle

▶ Hast du Wörter bei Aufgabe **11** falsch geschrieben? Schreibe sie hier gleich noch mal auf! Denke an die 5 Schritte!

12 ▶ Lies diesen Text! 

Ich fahre jeden Morgen mit der Straßenbahn zur Schule. Ich muss um sechs Uhr aufstehen, um die Straßenbahn um Viertel vor sieben zu erwischen. Manchmal, wenn ich trödle, muss ich rennen, damit sie mir nicht vor der Nase wegfährt. In der Bahn treffe ich Francesco. Um halb acht sind wir dann meistens pünktlich an der Schule.

- Markiere alle schwierigen Stellen! 
- Teile jeden Satz mit Strichen so auf, dass du dir jeden Abschnitt gut merken kannst!
  Zum Beispiel:
  Ich fahre jeden Morgen | mit der Straßenbahn | zur Schule.
- Lies jeweils einen Abschnitt, merke ihn dir und decke ihn ab! 
- Schreibe alle Abschnitte nacheinander auswendig auf deinen Block! 
- Wenn du fertig bist, vergleiche genau und verbessere Fehler! 

13 Kannst du die Wörter in Spiegelschrift lesen?
- Schreibe sie richtig auf!

Skizze – bewässern – zurück – wachsen – Taxi
Flüssigkeit – Cents – kriechen – rühren – spät

Normalerweise schreibt man Wörter klein.
Es gibt aber auch Wörter, die man großschreibt.
Hier lernst du, worauf du achten musst.

Großschreibung: Nomen (Namenwörter)

Menschen, **Tiere**, **Pflanzen** oder **Dinge** werden mit **konkreten Nomen** benannt: **Vater**, **Katze**, **Haus**. **Abstrakte Nomen** bezeichnen etwas, das du nicht sehen oder anfassen kannst: **Liebe**, **Spaß**, **Freundschaft**, **Neid**. Alle Nomen haben einen **Artikel** (Begleiter). Nomen schreibst du **groß**!

14 ▸ Finde noch zehn **Nomen** und male sie an: konkrete Nomen blau, abstrakte Nomen grün!

F	R	E	U	N	D	J	L	X	Ü	P	A	U	S	E	R
K	P	S	O	N	N	E	I	W	A	H	L	A	N	G	G
W	E	I	C	H	T	A	F	E	L	P	B	E	R	U	F
A	N	G	S	T	P	T	K	Ö	A	V	A	S	E	I	N
W	Q	F	I	C	H	T	E	A	R	H	A	N	D	Y	Z
T	M	A	G	N	E	T	N	K	I	Z	I	E	L	R	J

▸ Schreibe die Nomen mit Artikel auf!

der Freund,

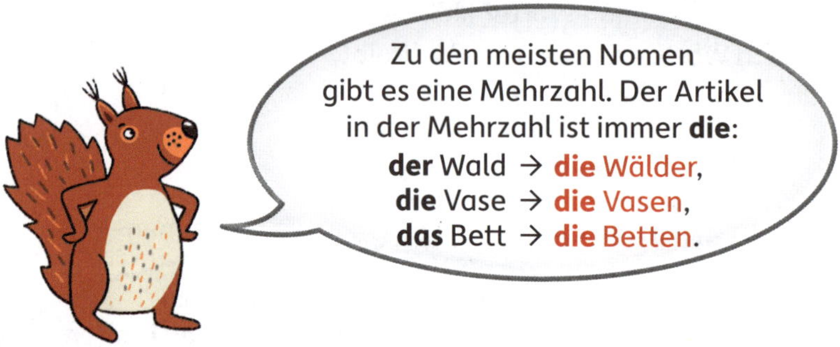

15 Schreibe zu allen Wörtern von Aufgabe **14** den Plural (Mehrzahl) mit Artikel auf deinen Block! Zum Beispiel: **die Freunde**.

16
- Trenne die Wörter in den Schlangen durch Striche!
- Ausnahmen: Markiere hier Nomen, die **keine** Mehrzahl bilden können!

- Schreibe die markierten Nomen mit Artikel auf!

der Mut, ______________________________

____

17 Hoppla, hier ist alles kleingeschrieben. Was musst du großschreiben?
- Kreise die Buchstaben ein! Wichtig: Auch Satzanfänge schreibst du groß!

die lehrerin fragt am morgen ihre klasse: „wenn ich sage,
ich habe früh zu mittag gegessen, was ist das für eine zeit?"
fröhlich meldet sich alex: „eine mahlzeit, frau lehrerin!"

- Schreibe den Witz nun richtig auf deinen Block!
Denke dabei auch an die Abschreibregeln (Seite 5).

Groß- und Kleinschreibung: Zusammengesetzte Wörter

Aus zwei Nomen mach eins

18 Hier ist wohl etwas durcheinandergeraten. Trenne die zusammengesetzten Nomen und setze sie passend wieder zusammen!

~~der Sportlöffel~~, die Laubschorle, das Obstglas, der Schuhschläger, der Sommerstiel, der Saftbaum, die Besenferien, die Bettvase, die Tennissohle, der Wassersalat, die Blumendecke, ~~der Kaffeeplatz~~

der Sportplatz, der Kaffeelöffel,

19 Hier musst du beim Zusammensetzen das erste Wort verändern.

- Male die Wortpaare in der gleichen Farbe an!
- Bilde die Lösungswörter und schreibe sie mit Artikel auf deinen Block!

Biene	+n	Schein
Hose		Mähne
Sonne		Träger
Löwe		Zimmer
Klasse		Stock

Museum	+s	Regel
Verkehr		Tier
Geburt		Sonne
Frühling		Direktor
Liebling		Tag

Ecke	~~e~~	Schlag
Schule		Eis
Hitze		Hof
Kirsche		Bank

Maus	?	Hütte
Bild		Rahmen
Hund		Loch
Name		Tag

Schreibe so: **der Bienenstock** ...

Bei zusammengesetzten Wörtern legt das hintere Wort (= Grundwort) die Wortart fest. Ist das Grundwort ein Nomen, schreibst du das ganze Wort groß, sonst klein!

Bestimmungswort	+	Grundwort	→	zusammengesetztes Wort
Garten (Nomen)	+	Zwerg (Nomen)	→	**G**artenzwerg (Nomen)
blau (Adjektiv)	+	Beere (Nomen)	→	**B**laubeere (Nomen)
schaukeln (Verb)	+	Stuhl (Nomen)	→	**S**chaukelstuhl (Nomen)
Eis (Nomen)	+	kalt (Adjektiv)	→	**e**iskalt (Adjektiv)

Verb + Nomen / Adjektiv + Nomen

20 ▶ Unterstreiche alle Wörter, die aus Verb + Nomen zusammengesetzt sind rot, die aus Adjektiv + Nomen bestehen grün!

Esstisch, Tiefgarage, Fahrrad, Spülmaschine, Schreibtisch, Frischkäse, Freizeit, Schlafsack, Vollmilch, Großeltern, Bratwurst, Rennwagen

▶ Schreibe die Wörter auf, aus denen die Nomen zusammengesetzt sind!

Esstisch: essen + Tisch,

Nomen + Adjektiv

21 Schreibe das passende Adjektiv hinter die Umschreibung!

grün wie Gras → **grasgrün** ____ weich wie Butter → ____

alt wie ein Stein → ____ schnell wie ein Blitz → ____

kalt wie Eis → ____ weiß wie Schnee → ____

Gemischte Zusammensetzungen

22 Finde die gesuchten, zusammengesetzten Wörter! Achte auf die Groß- und Kleinschreibung! Vorsicht, manchmal stoßen an der Nahtstelle gleiche Buchstaben aufeinander: Sie bleiben alle erhalten!

~~Schlüssel + Loch~~ | reißen + Verschluss | Feder + leicht
hoch + Haus | Kleidung + Stück | zeigen + Finger
Honig + gelb | Feuer + rot | Kind + spielen + Platz
brennen + Nessel | Stoff + Fetzen | wohnen + Zimmer + Fenster
leuchten + Turm | Kohle + Rabe + schwarz | Schule + Land + Heim

Schlüsselloch, ____

____

____

____

____

____

23
- Unterstreiche die zusammengesetzten Wörter!
- Kannst du den Zungenbrecher fünf Mal hintereinander schnell sagen? Können das deine Freunde auch?

Der Staubsaugerschlauch saugt Hausstaub in den Staubsaugerbauch.

Großschreibung:
Verben (Tunwörter) als Nomen

Wenn **Verben zu Nomen** werden, schreibst du sie **groß**! Du erkennst sie daran, dass du einen **Artikel davorsetzen** kannst: Im Park ist (**das**) **Spielen** verboten.

Manchmal verschwinden Artikel auch! Merk dir deshalb:
Nach *am*, *ans*, *vom*, *zum* oder *beim* schreibst du Verben niemals klein!
Denn: am = an + dem, ans = an + das, zum = zu + dem …: **Zum Wandern** brauchst du gute Schuhe.

24 Unterstreiche in den Quatschsätzen die Verben, die zu Nomen wurden!

Ans Vergessen der Hausaufgaben denkt dein Lehrer gern für dich.
Häufiges Abschreiben ist bei Proben gern gesehen.
Bei Fischen ist Fahrradfahren sehr beliebt.
Täglich ist Ärgern von großen Brüdern auszuführen.
Zum Arbeiten gehen Tiere täglich ins Schwimmbad.
Am Quatschen mit seinem Nachbarn erkennt man den braven Schüler.
Man kann beim Erledigen der Hausaufgaben auch schlafen.
Vom Schlafengehen bis zum Aufstehen solltest du immer die Augen offen halten.

▸ Schreibe die Verben, die zu Nomen wurden, nach dem Abc geordnet auf! Ergänze immer den Artikel **das**!

das Abschreiben, ______________________________

____

____

____

25 ▸ Setze die Schüttelsätze zusammen und schreibe sie richtig auf!
Achte auf die Groß-und Kleinschreibung!

REISEN–IST–DAS–HEUTE–FRÜHER–EINFACHER–ALS

Heute ______________________________

WAR–DAS–FLUGZEUGEN–NUTZEN–VON–UNMÖGLICH

Das ______________________________

____

MIT–FAHREN–ZUG–SEHR–DEM–WAR–UNBEQUEM–DAS

Das ______________________________

____

▸ Unterstreiche die Verben, die zu Nomen geworden sind, und kreise ihre Artikel ein!

Dieses Zeichen bedeutet:
Suche dir einen Partner, der dir das folgende Diktat diktiert!

Baderegeln

In der letzten Schulwoche besprachen wir wichtige Baderegeln. Unser Lehrer erklärte uns, was man beim Baden beachten soll. Das Springen in unbekannte Gewässer ist sehr gefährlich, genauso wie das Untertauchen anderer Schwimmer. Das Schwimmen bei Gewittern ist lebensbedrohlich. Das unnötige Rufen um Hilfe kann dazu führen, dass niemand mehr hilft, wenn du wirklich in Not bist. Nach dem Essen solltest du nicht gleich ins Wasser gehen. Abkühlen vor dem Baden hilft deinem Körper, sich an den Temperaturwechsel zu gewöhnen. Zum Schluss der Unterrichtsstunde machte uns das Malen, Beschriften und Basteln von Baderegelschildern besonderen Spaß. (95 Wörter)

Großschreibung: Anredepronomen (Anredefürwörter)

In einem Brief oder einer E-Mail schreibst du die höflichen Anredepronomen **Sie**, **Ihr**, **Ihnen**, **Ihre**, **Ihrem** usw. groß. Die Anredepronomen **du/Du**, **dein/Dein**, **deine/Deine**, **Dich/dich** kannst du kleinschreiben.

26 Setze im Brief die passenden Anredepronomen ein!

Sehr geehrter Herr Feuerwehrmann Wassermarsch,

wir, die Klasse 4c, möchten uns ganz herzlich bei __________
für __________ Führung durch die Feuerwache 1 bedanken.
__________ haben uns alles ganz genau erklärt und all unsere Fragen beantwortet. Besonders toll fanden wir auch, dass wir einmal __________ Helm und __________ Schutzhandschuhe anprobieren und sogar einmal in __________ Löschfahrzeug sitzen durften.
Für viele von uns sind __________ jetzt ein Vorbild und einige möchten auch gerne Feuerwehrmann oder Feuerwehrfrau werden.
Wir würden uns freuen, __________ bald einmal wiederzusehen!

Mit feurigen Grüßen
__________ Klasse 4c

Wörter bestehen aus Silben

Jede Silbe braucht einen **Selbstlaut** (a, e, i, o, u), **Umlaut** (ä, ö, ü), **Doppellaut** (au, eu, äu, ei), **ie** oder **y**:
Hausaufgaben, **Tiergarten**, **Küchentisch**, **typisch**.

27 Markiere in jeder Silbe den Selbstlaut, Umlaut oder Doppellaut und zeichne Silbenbögen ein! Schreibe hinter die Wörter die Anzahl ihrer Silben! Das Klatschen zu den Silben kann dir dabei helfen.

Bäume	2	Buch		Müllabfuhr		kopieren	
Handy		abwaschen		Spieluhr		Feuerwehr	
hübsch		erklären		Fußball		beeilen	

28 Nimm der Reihe nach aus jeder Kiste eine Silbe und setze daraus Wörter zusammen! Schreibe die Wörter auf!

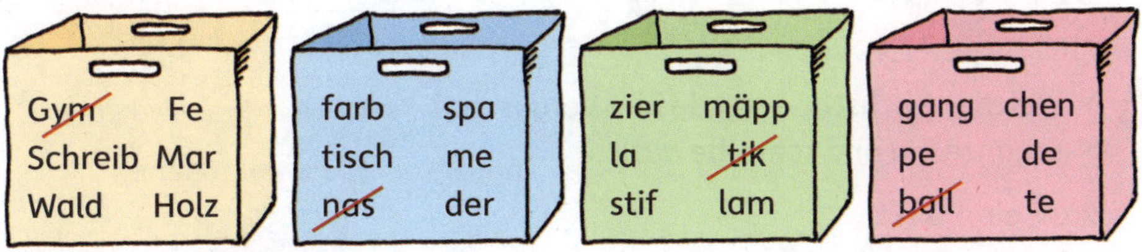

Gymnastikball, ______

______

______

Beim Schreiben hilft es, die einzelnen Silben leise und deutlich mitzusprechen. Manche Laute verschluckt man beim Sprechen gerne, etwa ein **unbetontes e**, oder ein **r nach einem Vokal**: **laufen, Dschungel, scharf.**

29 Achtung: Fehlerwörter! In jedem der folgenden Wörter fehlt ein **unbetontes e** oder ein **r nach einem Vokal**.

- Sprich deutlich in Silben und füge den fehlenden Buchstaben ein!
- Schreibe das Wort richtig daneben!

Kuch^e^ngabel – **Kuchengabel**

Taflkreide – ______

Gatenzaun – ______

Schauklstuhl – ______

Hosntasche – ______

Harfenkonzet – ______

Gschichte – ______

Postkate – ______

Bügeleisn – ______

30
- Welcher Buchstabe wurde hier vergessen? Ergänze ihn und schreibe auf!

kuterbunt – ______

Nachichten – ______

Pfaumenkuchen – ______

Batensoße – ______

- Lass dir nun noch mal alle Wörter von Aufgabe **29** und **30** diktieren!

Wortfamilien – Wortstamm

Wörter mit **demselben Wortstamm** gehören zu einer **Wortfamilie**.
malen, **Maler**, **gemalt**.
Im Wortstamm können sich Buchstaben verändern: **Hilfe**, **helfen**, **geholfen**.

31 Vier Wortfamilien: Markiere überall den Wortstamm!

leben	das Erlebnis	lebhaft	gelebt
backen	das Gebäck	gebacken	Backform
das Springseil	gesprungen	es springt	der Sprung
sie lügt	er log	die Lügen	verlogen

32 In jeder Zeile steht ein Wort, das nicht zur Wortfamilie passt.
▶ Schreibe diese Wörter in die leere Zeile darunter!

Fahrbahn	befahren	Fährte	fuhr	liest
halten	hielt	Haltestelle	lesbar	behalten
gruben	grub	Lesebuch	Begräbnis	vergraben

Hier ist eine neue Wortfamilie entstanden.
▶ Ergänze noch drei eigene Wörter!

Aufpass-Stellen im Wortstamm bleiben meist gleich:
Lehrer, **lehren**, **Lehrbuch**, **belehrt**.

33 ▸ Markiere die Wortstämme!
▸ Ordne dann die drei Wortfamilien jeweils untereinander in die Tabelle ein!

Zahl, Liebe, Läusekamm, lieblos, kämmen, kämmbar, Liebling,
Zähler, unzählig, verliebt, gekämmt, verzählen

kämmbar		
Läusekamm		

▸ Unterstreiche die Aufpass-Stellen im Wortstamm!

34 ▸ Suche Wörter, die zu den folgenden Wortfamilien gehören!
▸ Unterstreiche immer die Aufpass-Stellen!

schwimmen, **geschwommen,** ____________________

wohnen, ____________________

mieten, ____________________

rennen, ____________________

Wortbausteine – Vorsilben, Nachsilben, Endungen

Vor dem **Wortstamm** stehen oft **Vorsilben**, danach **Endungen** oder **Nachsilben**.

fallen	umfallen	Unfall
Wortstamm + Endung	Vorsilbe + Wortstamm + Endung	Vorsilbe + Wortstamm

35 Markiere Vorsilbe, Wortstamm und Endung/Nachsilbe wie oben!

Verspätung	giftig	anmalen	Gesang	nachschreiben
schriftlich	Abwasch	dankbar	umschreiben	Vorstellung

36 Bilde aus den Wortbausteinen möglichst viele Wörter und schreibe sie auf! Achte auf die Groß- und Kleinschreibung!

ZWEI ENT GE BE VER AB AN AUS

SPRICH SPRECH SPRACH SPROCH SPRÄCH

IG ER EN E T LOS STUNDE

Du kannst die Bausteine mehrmals verwenden!

Sprache, ______________________________

____

____

____

____

Vorsilben

37 Vorsilben verändern die Bedeutung von Wörtern.
▶ Ergänze die passenden Vorsilben!

ver-, an-, aus-, be-, an-, ~~ver-~~, ab-, ent-, auf-, be-

jemandem eine Belohnung **ver**sprechen,

englische Wörter richtig ______sprechen,

einen Superstar ______sprechen, einen Test ______sprechen,

morgens früh ______stehen, die Fahrradprüfung ______stehen,

beim Bäcker ______stehen, sich gut mit der besten Freundin ______stehen

Manchmal können Ohren ______stehen.

Wie kann eine Mondfinsternis ______stehen?

Wenn Vorsilben mit demselben Buchstaben enden, mit dem das nachfolgende Wort beginnt, bleiben **beide Buchstaben erhalten**:

aus + sprechen = ausssprechen,

zer + reißen = zerreißen.

38 ▶ Wähle zu jedem der folgenden Verben eine der Vorsilben, mit der es an der Nahtstelle zu einer **Buchstabenverdopplung** kommt!

▶ Schreibe die Wörter auf deinen Block und unterstreiche die Nahtstelle! Zum Beispiel: **abbeißen**.

ent	an
be	ver
ab	auf

beißen	fressen	eilen	reisen	fordern
biegen	nähen	raten	rechnen	fangen
führen	brechen	enden	nehmen	täuschen

Nachsilben

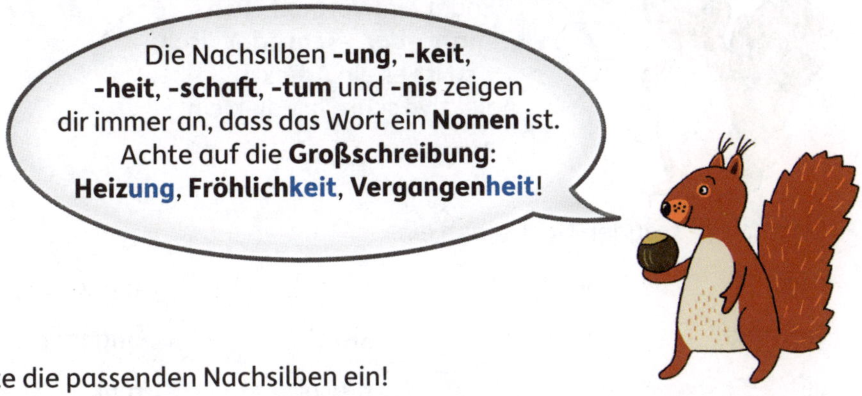

39 Setze die passenden Nachsilben ein!

die Gesund________	die Übel________	das Gefäng________
die Droh________	das Begräb________	die Freund________
die Heiter________	die Reinig________	der Reich________

40 Verwandle Adjektive und Verben in Nomen!

~~ergeben~~, achten, dunkel, finster, verfassen, überraschen, traurig, offen

Ergebnis, ____

____

____

41 Suche weitere acht Wörter mit den Nachsilben **-ung**, **-keit**, **-heit**, **-schaft**, **-tum** oder **-nis** aus der Wörterliste heraus und schreibe sie mit Artikel auf!

die Erholung, ______________________________________

____

____

____

Endet ein Wort auf **-lich**,
-ig, **-haft**, **-bar**, **-sam** oder **-isch**,
so ist es ein **Adjektiv**.
Adjektive schreibst du klein!

42 Setze die passenden Nachsilben ein!

herr________	neu________	stein________	mädchen________
verwund______	gemüt_______	kitzel_______	angeber_______
gift________	schwäch______	grusel_______	müh________

43 ▶ Setze die passenden Adjektive waagrecht in das Rätsel ein.
Das Lösungswort ergibt sich senkrecht!
▶ Markiere die Adjektivendungen blau!

1. Bitte, sag mir doch schon, was die Überraschung ist! Ich bin so …!
2. Die Note 5 heißt in Worten: …
3. Die Elster wird auch oft „Die …e Elster“ genannt, weil sie gerne glitzernde Sachen stibitzt.
4. Insel ohne Bewohner, weit draußen im Meer: eine …e Insel
5. Lüg bitte nicht. Sei … zu mir!
6. Vorsicht! Nicht alle Beeren sind …
7. Wenn du … bist, solltest du etwas trinken.

				w							
1											
2		m	a	n	g	e	l	h	a	f	t
		3		d							
		4									
5		e									
6	e										
				a							
7											

Nachdenkwörter

Bei vielen Wörtern musst du gut nachdenken, damit du sie richtig schreibst. Rechtschreibtipps helfen dir!

Wörter mit Qu/qu

44 Ordne die Qu/qu-Wörter (**Qu/qu sprich kw**) nach dem Alphabet!

überqueren
qualmen
Quelle
bequem
Qualifikation
Quartett
Quiz
quietschen
quaken
Quark
Qual
quetschen
quatschen
verquirlen
Kaulquappe

____

____

____

____

____

45 Finde die fehlenden Wörter mit **Qu/qu**!

kreuz und ______________

besonderes Viereck: ______________

Du sollst keine Tiere **qu** _ _ _ _.

anderes Wort für Rauch: ______________

anderes Wort für Blödsinn: ______________

Ursprung eines Flusses: ______________

Wörter mit Ä/ä und Äu/äu

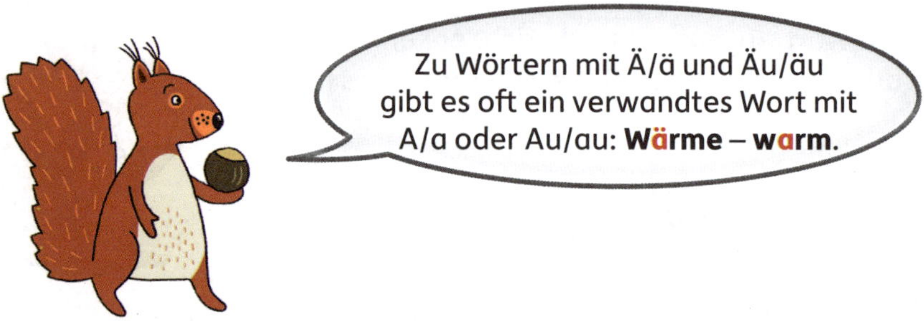

46 ▸ Male die verwandten Wörter mit der gleichen Farbe an!
▸ Unterstreiche **a/ä** und **au/äu**!

der Schlaf | die Träumerin | kämmen | das Häusermeer
verträumt | häuslich | der Tag | älter | schläfrig
täglich | der Traum | der Kamm | das Haus | alt

47 Bilde Einzahl oder Mehrzahl!

Satz	→	**Sätze**	Baum	→	________
Schatz	→	________	________	→	Stämme
________	→	Gläser	Braut	→	________

48 Die Endungen -chen und -lein machen Dinge klein.
Ergänze **-chen** oder **-lein**!

Maus → **Mäuschen/Mäuslein**

Baum	→	**Bäumchen**	Pfanne	→	________
Blatt	→	________	Hase	→	________
Mann	→	________	Strauß	→	________

49 Wenn es keine verwandten Wörter mit **A/a** oder **Au/au** gibt, schreibst du das Wort meistens mit **E/e** oder **Eu/eu**. Ausnahmen findest du auf Seite 52.

▶ **Ä/ä** oder **E/e**? Überlege und setze ein! Wenn es ein verwandtes Wort mit **A/a** gibt, schreibe es daneben!

Bälle	→	**Ball**	R__chnung	→	____
schn__ll	→	____	gef__hrlich	→	____
B__cker	→	____	H__nde	→	____
j__hrlich	→	____	R__tsel	→	____
H__rbst	→	____	__pfel	→	____
__nde	→	____	__nte	→	____

50 **Ä/ä** oder **E/e**, **Äu/äu** oder **Eu/eu**?

▶ Entscheide und setze ein!

L____tet der Wecker, müssen die meisten L____te aufstehen.

Das Geb____de ist stark besch__digt, das wird t____er.

M____se leben auch in W__ldern. Sie verstecken sich oft in den Wurzeln der B____me vor ____len, die sie fressen wollen.

Bei dieser K__lte frieren die Kinder. Ihre Lippen sind schon ganz bl____lich.

Der K__llner sch____mt die Milch für den Kaffee auf.

Ich lese gerade einen Abent____erroman. Es geht um Seer____ber, die reiche B____te machen.

Das wird keine gute __rnte. Nur wenige __pfel h__ngen an dem kleinen B____mchen. Letztes Jahr war es b__sser. Schade, aber das können wir leider nicht __ndern.

Wörter mit ie

Wörter mit einem langen i schreibst du in der Regel mit **ie**: **Liebe**, **sieben**, **vier**.

51 Schreibe die Wörter unter die Bilder!

Knie ______ Spiegel ______ ______ ______

______ ______ ______ ______

52 Finde Reimwörter mit **ie**! Zum Beispiel: vier – **Tier**.

Wiese → ______ tief → ______

sprießen → ______ Stiel → ______

Ziege → ______ Sieb → ______

53 Verben mit der **Endung -ieren** schreibst du mit **ie**!

▸ Suche in der Wörterliste acht Verben mit der Endung **-ieren**!

informieren, ______

______

______

54 Diese Wörter mit ie verwendet man sehr oft.

- Schreibe zu jedem Wort einen Satz auf deinen Block!
- Markiere alle **ie**!

diese, nie, viel, hier, wieder, wie

55 Bei Verben in der 1. Vergangenheit findest du auch oft ein **ie**.
Zum Beispiel: ich schreibe – **ich schrieb**.

es gefällt	→ es ______	er steigt	→ er ______
wir schweigen	→ wir ______	es treibt	→ es ______
sie reiben	→ sie ______	ich schlafe	→ ich ______
ihr schreibt	→ ihr ______	du läufst	→ du ______

56 Schreibe die ie-Purzelwörter richtig auf!

Ldie	→ ______	Sietr	→ ______
Deib	→ ______	nieamnd	→ ______
vlieeilcht	→ ______	flheien	→ ______

Übe diese schwierigen Wörter zuerst:
Drohnen, Arbeiterinnen.

Bienen

Heute habe ich auf einem Spaziergang mit Opa viel über Bienen gelernt. Bei diesen Tieren gibt es Arbeiterinnen und Drohnen. Die Drohnen sind die männlichen Bienen. Sie bauen riesige Bienenstöcke mit unzähligen Gängen und Kammern. Außerdem beschützen sie den Bienenstock vor Honigdieben. Die Arbeiterinnen fliegen den ganzen Tag umher und sammeln Nektar. Ärgere die Bienen nicht! Es sind ganz friedliche Tiere. Sie stechen nur zur Verteidigung. (67 Wörter)

Ein hörbares h

Ein **stummes h** kannst du oft hörbar machen, indem du das Wort verlängerst und die Silben deutlich sprichst:
Reh → Re-he, nah → nä-her.
Nun hörst du das **h** deutlich am Anfang der Silbe.

57 Die Zahlen zeigen dir die Stellen der Buchstaben im Abc an.

▸ Finde die richtigen Wörter! Der Tipp unten hilft dir.

g e h e n
7 5 8 5 14

_ _ _ _ _ _ _ _
1 14 26 9 5 8 5 14

_ _ **ä** _ _ _
11 18 8 5 14

_ _ _ _ _ _
19 20 5 8 5 14

_ _ _ _ _
19 5 8 5 14

_ _ _ _ _ _
4 18 15 8 5 14

_ _ _ **ü** _ _ _
2 5 13 8 5 14

_ _ _ _ _ _ _ _ _
22 5 18 26 5 9 8 5 14

_ _ _ _ _ _ _ _ _
22 5 18 19 20 5 8 5 14

_ _ _ _ _ _
12 5 9 8 5 14

▸ Markiere in jedem Wort das **silbentrennende h**!

Tipp: Ergänze die Tabelle, dann kannst du das Rätsel ganz schnell lösen!

1	2	3	4	5	6	7	8	9	10	11	12	13
a	**b**	c	d	e	f	**g**	h	i	j	k	l	m

14	15	16	17	18	19	20	21	22	23	24	25	26
n	o	p	q	r	s	t	u	v	w	x	y	z

58 Setze die Verben von Aufgabe **57 der Reihe nach** in der passenden Form ein. Achtung, das h ist jetzt nicht mehr hörbar!

„Guten Morgen, wie geht es dir heute?“, fragt Mama,

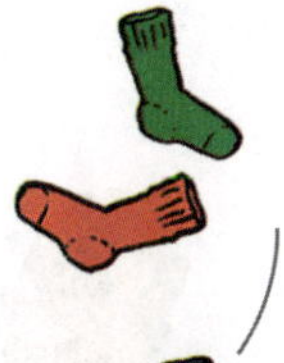

als sich Steffi gerade ________________.

Die ________________ gutgelaunt: „Spitze!“, während sie

vor ihrem Kleiderschrank ________________. „Aber ich glaube,

ich vermisse eine Socke! ________________ du sie vielleicht irgendwo?“

Mutter ______________: „Wenn du nicht bald mal dein Zimmer

ordentlich aufräumst, wirst du gar nichts mehr finden!

Ich möchte, dass du dich mehr ________________.“

„Mama, ________________ du mir noch einmal?

Morgen mache ich bestimmt Ordnung! Ich hatte nur bisher

überhaupt keine Zeit, ________________ du?“, erwidert Steffi unschuldig.

„Na gut, ein letztes Mal, mein Schatz. Ausnahmsweise erlaube ich,

dass du dir von deiner Schwester ein Paar Socken ________________,

aber gleich nach der Schule wird aufgeräumt!“

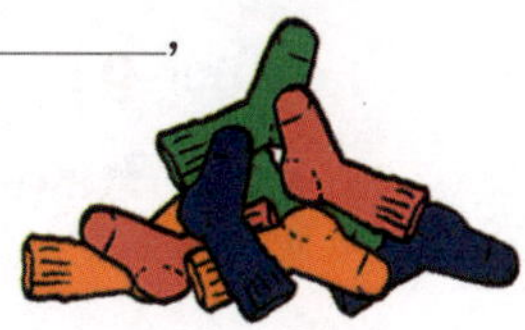

59 Verlängere die Wörter, sodass das stumme h hörbar wird!

Schuh →	______________________	nah →	______________________
ruht →	______________________	Zeh →	______________________
blüht →	______________________	Geweih →	______________________
Floh →	______________________	roh →	______________________

Auslautverhärtung: b oder p, g oder k, d oder t?

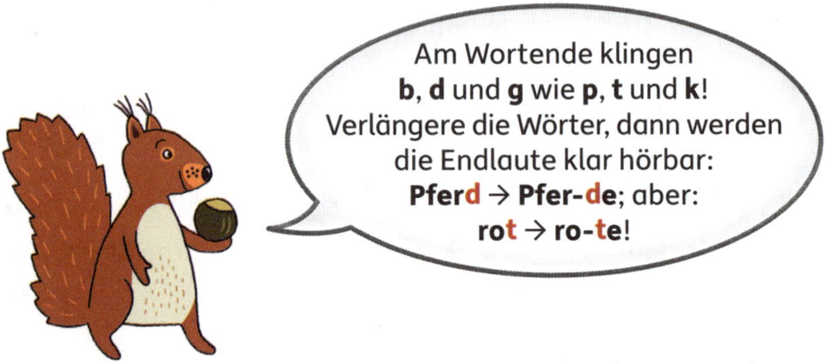

60 ▸ Schreibe die Nomen im Plural (Mehrzahl) nach Silben getrennt auf!
▸ Markiere den 1. Laut der zweiten Silbe!
▸ Ergänze jetzt die Einzahl der Wörter mit den richtigen Endungen!

die Bur-**g**en
→ **die Burg**

die Hun-________
→ der ________

die Zel-________
→ das ________

▸ Finde die Einzahl oder die Mehrzahl!
Ergänze **b/p**, **d/t** oder **g/k**!

Krie**g**e	→	**Krieg**	**Hefte**	→	Hef**t**
Lie d er	→	Lied	________	→	Kin__
Kör b e	→	________	________	→	Ausflu__
Ärz__e	→	________	________	→	Sta__ (b/p)
Zwer__e	→	________	________	→	Grun__
Bän__e	→	________	________	→	Plaka__

61 Verlängere diese Adjektive mit Hilfe der Höherstufe (1. Steigerungsform) und ergänze dann den richtigen Endlaut!
Tipp: Der Endlaut steht bei der Höherstufe in der Mitte und wird gut hörbar!

star**k**	→	**stärker**	dich___	→	___
gesun___	→	___	schrä___	→	___
al___	→	___	trü___	→	___
lau___	→	___	frem___	→	___
kran___	→	___	klu___	→	___

62 ▸ Finde weitere acht versteckte Verben und markiere sie!

Ö	K	L	G	O	H	J	S	S	R
T	H	F	E	A	S	Ä	R	I	A
L	I	E	B	E	N	M	J	E	T
Y	N	B	E	B	E	E	B	G	E
F	K	G	N	E	G	R	T	E	N
A	E	X	B	R	V	K	O	N	L
R	N	R	I	Ä	L	E	B	E	N
X	S	T	C	E	V	N	E	W	K
S	Ä	G	E	N	Y	K	N	L	L

▸ Schreibe die Verben in Silben auf und bilde ihre **3. Person Einzahl**!
Achtung: Auch hier klingen weiche Laute (**b**,**g**) hart (**p**,**k**)!

ge-ben: er gibt, ___

___

___

___

63 Auch bei zusammengesetzten Wörtern kommt es zu Lautverhärtungen.

▸ **Verbinde** mit dem Wort, das dir bei der Entscheidung für den Laut helfen kann! **Fülle** dann die Lücken!

der Par**k**platz	die Zü__e
die Han__tasche	rei__en
die Wil__katze	die Hän__e
der Zu__führer	die Schrän__e
die Schran__tür	wil__er
der Sie__treffer	par**k**en
die Rei__stiefel	die We__e
der We__weiser	sie__en

64 Ergänze im Text die fehlenden Buchstaben!

Am Aben__ kann ich mit dem Telesko__ meines Vaters den Mon__ betrachten. Er leuchte__ hell und strahlen__ gel__ am Himmel. Obwohl man den Mon__ fast jede Nach__ sehen kann, sieht er von Nahem ganz frem__ aus. Es gi__t dort keinen Wal__ und keine Wiese wie auf dem Plane__en Er__e. Mein Vater sa__t: „Stell dir vor, das Lich__ mancher Sterne brauch__ so lange, bis es auf die Er__e fäll__, dass wir es ers__ sehen können, wenn die Sterne selbst schon län__st verglüht sin__!“ Mer__würdig – wir sehen in die Vergangenhei__! Es ist spä__ gewor__en. Mein Vater trä__t das Telesko__ zurück ins Haus. Heute schlafe ich besonders gu__ und träume vom Himmel, der wie ein großes Zel__ um unsere Er__kugel gespannt ist.

Adjektive mit der Nachsilbe **-ig**
schreibt man immer mit **g**.
Auch hier kann dir das Verlängern helfen:
lustig → die lustige Geschichte.
Achtung: **-ig** klingt oft wie **-ich**!

65 ▶ Bilde Adjektive und schreibe sie auf!
▶ Setze das Adjektiv vor ein passendes Nomen! Schreibe mit Artikel!

~~Eis~~, Gift, Dreck, Trauer, Riese, Ecke, Kraft, Witz

eisig – die eisige Kälte, ______________________________

____

____

____

____

____

Lenas Geschenk

Lena hat zu ihrem Geburtstag ein riesiges Geschenk bekommen. Ihre Eltern haben ihr ein Pferd gekauft. Lena freut sich sehr über ihren neuen Freund, den sie Pünktchen nennen will, da er einen weißen Punkt auf der Stirn hat. Das schaut lustig aus. Jetzt muss Lena eilig lernen, wie man das Tier pflegt und für es sorgt. Zunächst sammelt sie in einem Korb Äpfel, Karotten und altes Brot. Am Abend macht sie sich neugierig auf den Weg zur Koppel und füttert und putzt Pünktchen. Morgen wird sie schon ihre erste Reitstunde haben. (93 Wörter)

Lautqualitäten: kurz oder lang?

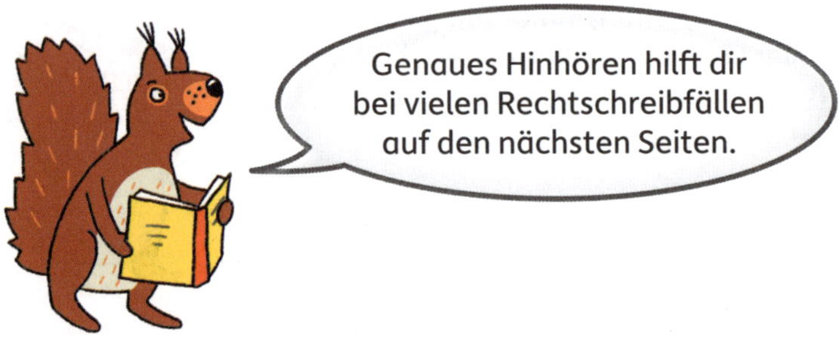

66
- Sprich die Wörter zu den Bildern!
- Entscheide, ob der Vokal im grünen Kästchen kurz oder lang ist!
- Markiere lange Vokale mit einem Strich __ , kurze mit einem Punkt ● .

67 Kennzeichne hier die blauen Vokale mit einem **Strich** (lang gesprochener Vokal) oder einem **Punkt** (kurz gesprochener Vokal)!

Eine Mutter bringt ihre Zwillinge Timmi und Tommi ins Bett.

Der eine Bruder lacht und lacht, da fragt die Mutter:

„Warum lachst du denn so viel?“ Darauf antwortet er:

„Du hast Tommi zweimal gebadet und mich gar nicht!“

Doppelkonsonanten (Doppelmitlaute)

Nach einem kurzen, betonten Vokal folgen meist **zwei verschiedene Konsonanten** oder ein **Doppelkonsonant**: **Sand**, **Tinte**, **Kiste**; **Bett**, **Tonne**, **Wanne**.

68 ▸ Markiere alle Doppelkonsonanten!
▸ Kennzeichne immer den davorstehenden, kurz gesprochenen Vokal mit einem Punkt!

Das ist Anna. Anna mag gerne Spaghetti essen.
Außerdem liebt sie Wasser und Wellen im Hallenbad,
ihre Puppe, ihren watteweichen Teddy, ihr Äffchen
und die Sonne am Sommerhimmel.

69 Anna mag auch andere Sachen mit Doppelkonsonanten.
▸ Höre wieder auf den kurzen Vokal und schreibe die Wörter auf!

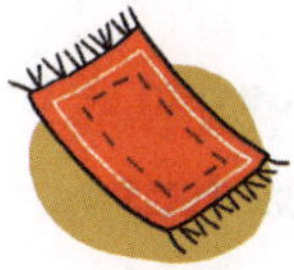

70 ▸ Finde die passenden Reimwörter!
▸ Markiere die Doppelkonsonanten!

Hanna hat einen deutschen **Pass**,
das Gegenteil von Liebe ist ________.

Ich bin in der vierten ________,
mein Tee ist in der ________.

Am Telefon wähle ich eine ________,
wenn ich traurig bin, habe ich ________.

Die meisten Kinder haben Vater und ________,
Brezeln esse ich am liebsten mit ________.

Einen Nagel schlage ich in das Brett mit dem ________,
früher sagte man zum Zimmer auch ________.

Wer nicht draußen ist, ist ________,
beim Spielen möchte ich immer ________.

71 Finde nun selbst möglichst viele Reimwörter:

Fluss: **Kuss,** ________
Pfanne: ________
Falle: ________
essen: ________
Pappe: ________
Ball: ________
fett: ________

72 Setze die fehlenden Steigerungsformen ein!
Tipp: Der doppelte Konsonant im Wortstamm bleibt gleich!

Grundstufe	Höherstufe	Höchststufe
hell	**heller**	**am hellsten**
	schneller	
schlimm		
	dünner	
		am nettesten
		am dümmsten

73 Fehlt hier ein einzelner Konsonant oder ein Doppelkonsonant?
Wichtig: Nach einem langen Vokal steht nie ein Doppelkonsonant.

▶ Höre auf den Vokal vor der Lücke!
Ergänze dann passend einen oder zwei Konsonanten!

l/ll	Abfa**ll**	**d/dd**	Fa___en	**l/ll**	beste___en
f/ff	schie___	**m/mm**	i___er	**s/ss**	bi___chen
n/nn	ke___en	**g/gg**	Ba___er	**m/mm**	neh___en
p/pp	Li___e	**t/tt**	Ke___e	**f/ff**	Ko___er
l/ll	Mü___	**s/ss**	Gra___	**p/pp**	Tre___e
t/tt	ermi___eln	**g/gg**	flie___en	**l/ll**	Que___e
s/ss	Ku___	**f/ff**	Kä___ig	**l/ll**	Qua___

74 Was passt? Kreise das richtige Wort ein!

Bett – Beet

satt – Saat

Lamm – lahm

Bann – Bahn

Riese – Risse

Hölle – Höhle

75 Falsche Zwillinge! Setze die Wörter passend ein!

Ofen/offen: Julius ließ die __________tür __________.

Miete/Mitte: Wir müssen unsere __________ bis __________ des Monats überweisen.

schief/Schiff: Das rote __________ liegt ganz __________ im Wasser. Hoffentlich kippt es nicht um.

Aale/alle: Der Fischverkäufer konnte heute __________ __________ verkaufen.

Wiesen/wissen: Wir untersuchten heute zwei __________, weil wir __________ wollten, welche Tiere dort leben.

rief/Riff: Ich __________ laut deinen Namen, denn rund um das __________ tobte laut das Meer.

stehlen/stellen: Diebe __________ wertvolle Gegenstände und manche __________ sie dann zum Verkauf ins Internet.

76 Das Sprechen in **Schreibsilben** kann dir helfen, den Doppelkonsonanten zu hören: Ta**n-ne**, Do**n-ner**, A**f-fe**.

▶ Trenne diese Wörter richtig! Zeichne dazu Striche ein!

ren|nen, bren|nen, Halle, Nummer, Masse, donnern,

essen, Tonne, messen, wippen, müssen, Hölle, Messer,

Suppenlöffel, betteln, kommen

77 Bilde aus den Silben Wörter!

~~stop-~~ tern schwim- ~~pen~~ klet- sam- ten meln tern schlep- bern schnat- men knab- pen bit-

stoppen, ______________________________

____

____

78 Der Doppelkonsonant bleibt auch bei den verschiedenen Personalformen erhalten: rennen: **ich renne**, **du rennst**, **er rennt** …

Schreibe die Verben aus Aufgabe **77** zu den Personalformen **ich**, **er** und **ihr** auf deinen Block! Schreibe so: **ich stoppe, er stoppt, ihr stoppt**.

79 Suche zu diesen Nomen zweisilbige verwandte Wörter, bei denen der Doppelkonsonant getrennt wird!

Tre**ff**punkt	→ **tref-fen**	Fa**ll**schirm	→ ______
Kna**ll**frosch	→ ______	Re**nn**auto	→ ______
Ho**ff**nung	→ ______	Schwi**mm**bad	→ ______
Du**mm**heit	→ ______	Sa**mm**ler	→ ______

Bei der Mehrzahlbildung
kann es auch zu einer Verdopplung
von Konsonanten kommen:
Aus **-nis** wird **-nisse**, aus **-in** wird **-innen**.

Ereignis → Ereignisse,
Arbeiterin → Arbeiterinnen.

80 Bilde die Mehrzahl! Markiere die Doppelkonsonanten!

Lehrerin	→	**Lehrerinnen**	Ärztin	→	______
Bäckerin	→	______	Geheimnis	→	______
Pflegerin	→	______	Freundin	→	______
Kenntnis	→	______	Zeugnis	→	______
Erlebnis	→	______	Feindin	→	______

81 Auch hier verdoppelt sich bei der Mehrzahl der Buchstabe am Ende.

Bus	→	______	Zirkus	→	______

Der Wettbewerb

Diesen Sommer haben sich die Freundinnen Anna und Jule einen besonderen Wettbewerb ausgedacht. Wer kann die schnellste und tollste Seifenkiste bauen?
Jule ist sich natürlich ganz sicher, dass sie das Rennen gewinnen wird. Beim Mittagessen bittet sie ihren Vater darum, dass er mit ihr Bretter und Latten für die Seifenkiste sammelt.

Anna jedoch geht mit ihrem Großvater auf den Schrottplatz und findet dort vier alte Räder und eine Kinderbadewanne. Dann verschwinden Anna und Jule ein ganzes Wochenende in den Werkstätten ihrer Eltern und zimmern an den Fahrzeugen. Wer wohl die Wette gewinnen wird? (95 Wörter)

Wörter mit ck

Statt Doppel-k schreibst du **ck**.
Der Selbstlaut oder Umlaut davor klingt **kurz**.
Das ck wird **nicht getrennt**:
Bä-ck-er, glü-ck-lich.

Nach **l**, **m**, **n** und **r**,
das merk dir ja, steht **nie ck**:
Balken, Bank, stark.

82 ▸ Kreise in der Schnecke weitere acht ck-Wörter ein!
▸ Schreibe sie auf deinen Block! Achte auf die Groß- und Kleinschreibung!

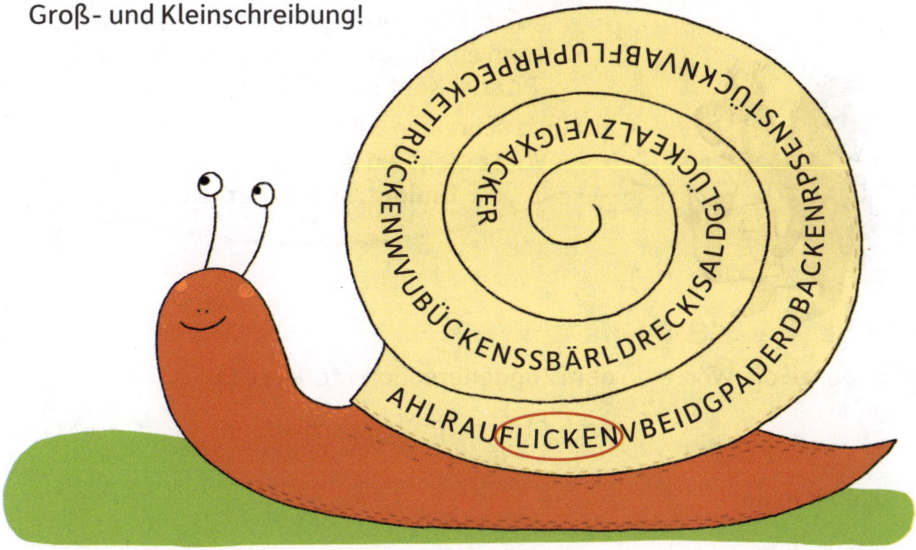

83 Finde jeweils ein verwandtes Verb!
Trenne **alle** Wörter mit Hilfe von Strichen!
Tipps zum Trennen findest du auch auf Seite 69 bis 71.

tro|cken	→	**trock|nen**	Blick	→	______
Geschmack	→	______	Wecker	→	______
Packung	→	______	Kleckse	→	______

84 Setze **k** oder **ck** richtig ein!

Ja____e, Blo____, Schran____, Ban____, Rü____en,

E____e, We____er, erschre____en, verwel____en, Im____er,

stär____er, Verste____

Wörter mit tz

Nur in **Fremdwörtern** oder **zusammengesetzten Wörtern** kann ein **zz** vorkommen: Skizze, Pizza, Puzzle; Konferenzzimmer, Holzzaun.

Für **zz** schreiben wir in deutschen Wörtern **tz**. Vor **tz** steht ein **kurzer Selbstlaut oder Umlaut**: **Schatz**, **sitzen**.

85 Ergänze die Wörter in dem Zungenbrecher! Markiere **tz**!

sitzen, Hitze, Pfütze, schwitzen

Lieber in der ____________ ______________,

als in einer ____________ ______________.

▶ Kannst du den Zungenbrecher ganz schnell und ohne Fehler sprechen?

86 Finde die fehlenden Wörter der Wortfamilien! Markiere **tz**!

Nomen			
Verb		spitzen	beschmutzen
Adjektiv	verletzlich		

87 Setze die Wörter in der passenden Zeit- und Personalform ein!
Achtung: Hier brauchst du nach dem **tz** noch ein **t** – achte gut darauf!

verschmutzen, beschützen, benutzen, verletzen, spritzen

Papa sagt zu Oskar: „Deine Haare sind ja ganz zerzaust – hast du denn heute keinen Kamm ____________________? Und deine Hose ist zerrissen und ____________________. Hast du dich etwa ____________________?“ „Nein“, meint Oskar leise, „ich habe einen Frosch ____________________. Ich wollte nicht, dass er überfahren wird. Aber als ich versucht habe, ihn zu fangen, bin ich über eine Wurzel in eine Pfütze gestürzt. Das hat ganz schön ____________________.“

„Na Hauptsache, du und dein Frosch, ihr habt das Abenteuer heil überstanden!“, schmunzelt Papa.

Nach **l**, **m**, **n** und **r** merke
ja, schreib **nie tz** und nie ck:
Holz, **Wurzel**, **Arzt**.

88 Ergänze hier richtig: **z**, **tz**, **zz**!

Ri_____e, Pla_____, Mar_____ipan, Pi_____a, Är_____tin, Fil_____stift,
gan_____, pu_____en, Her_____chen, he_____en, Pil_____, Spi_____e,
hei_____en, kur_____, Wi_____, Pflan_____e, tan_____en

Wörter mit ß

89 Finde das Gegenteil! Achtung: Alle Wörter schreibst du mit **ß**!

drinnen →	____________	klein →	____________
sauer →	____________	schwarz →	____________
faul →	____________	kalt →	____________

90 ▸ Fülle die Tabelle! Achtung, der Wortstamm ändert sich: Nach einem kurzen Vokal musst du ein **ss** statt des **ß** einsetzen.

▸ Markiere alle **ß**! Kennzeichne die langen Vokale davor mit einem Strich!

Gegenwart	1. Vergangenheit	2. Vergangenheit
sie **schließt ab**	sie schloss ab	sie **hat abgeschlossen**
er	er	er ist geflossen
es	es biss	es
wir gießen	wir	wir
ich	ich schoss	ich
sie grüßen	sie	sie
ich	ich	ich habe gewusst

91 Ordne die Wörter passend in die Wortfamilienhäuser und Zimmer ein.

~~er fraß~~, verschlossen, sie schließen, sie fraßen, Großtante, versüßen, Süßigkeiten, Fressnapf, der Schlosser, größer, das Fressen, süßer, Großeltern, es frisst, abschließen, Verschluss, ich schließe ab, Vielfraß

schließen

Wörter mit ss	Wörter mit ß

fressen

Wörter mit ss	Wörter mit ß
	er fraß

süß

groß

92 Setze ein: **ß** oder **ss**? Höre auf den Vokal vor der Lücke!

Spa___, wi____en, Stra____e, wei____, Me____er, be____er, blo____,
schlie____lich, Ha____, das Ma____, Gie____kanne, äu____erst,
grü____en, Pä____e, schie____en, Flu____

das oder dass

Für **das** (mit einem s) gibt es **Ersatzwörter**, die du einsetzen kannst: **dieses**, **dies** oder **welches**.

Zum Beispiel:

das als **Artikel**: **Das** Haus ist groß. → **Dieses** Haus ist groß.
das als **hinweisendes Pronomen**: **Das** gefällt mir. → **Dies** gefällt mir.
das als **rückbezügliches Pronomen**:
Ein Haus, **das** ich will, ist groß. → Ein Haus, **welches** ich will, ist groß.

93 In jede Lücke würde **das** passen.
Setze aber stattdessen ein Ersatzwort (**dieses**, **dies** oder **welches**) ein!

„Ist __________ dein neues Lieblingsbuch?“

„Ja, ich leihe dir __________ Buch gerne,
wenn ich es fertig gelesen habe.“
„Kennst du noch ein anderes Buch,
__________ Astrid Lindgren geschrieben hat?“
„Ja, errate __________ Buch: Es geht um ein Mädchen,
__________ sehr stark ist. Es kann sogar ein Pferd hochheben.“
„Oh, Pippi Langstrumpf mag ich auch gerne,
kannst du dich an Herrn Nilsson, __________ Äffchen erinnern?
__________ ist wirklich ein tolles Buch!“

254

Rechtschreiben und Diktate

4. Klasse

Lösungen

Dieser Lösungsteil ist herausnehmbar!
Klammern in der Mitte des Heftes öffnen!

1 A, B, C, **D, E, F, G, H, I, J, K, L, M, N, O, P, Q, R, S, T, U, V, W, X, Y, Z**

Es sind **26** Buchstaben.
Außerdem gibt es noch diese drei Umlaute: **Ä, Ö, Ü**
und einen Buchstaben, den du nicht großschreiben kannst: **ß**.

2 Zu diesen Anfangsbuchstaben gibt es keine Einträge in der Liste: **X, Y**.

3 A b – E f – I j – **M n – Q r – U** **(Zwei Buchstaben werden jeweils ausgelassen.)**
A Z B Y C **X D W E V** **(erster, letzter, zweiter, vorletzter … Buchstabe)**

4 Amelie bäckt gerne gute Kuchen mit Nüssen,
Rosinen, Sahne und viel Zimt.

5

4	Elch	**2**	Eisbär	**7**	Ente	**8**	Esel
6	Emu	**5**	Elefant	**3**	Eisvogel	1	Eidechse

1	Bäcker	**3**	Bahn	**12**	Bruder	**2**	Bad
10	Brett	**11**	Brücke	**6**	Blitz	**8**	bloß
4	Bär	**5**	Beruf	**9**	boxen	**7**	blitzen

6

hoffentlich	←	die Höhe	→	**die Höhle**
täglich	←	die Tanne	→	**die Tasse**
die Städte	←	der Stamm	→	**die Stämme**
die Vorfahrt	←	vorher	→	**der Vormittag**
fehlerfrei	←	die Ferien	→	**das Ferkel**
das Wetter	←	wichtig	→	**wieder**
der Stiefel	←	der Stiel	→	**der Stier**

7

Clown
Seite: **81**

T-Shirt
Seite: **89**

Gießkanne
Seite: **83**

Labyrinth
Seite: **85**

Pyramide
Seite: **86**

Reißverschluss
Seite: **87**

8 entwickeln: **du entwickelst, die Entwicklung**
schwimmen: **er schwamm, er ist geschwommen**
verbrennen: **es verbrannte, die Verbrennung**

9 die Nüsse → Nuss
es schwamm → **schwimmen**
sie vergaß → **vergessen**
ehrlicher → **ehrlich**
die Wälder → **Wald**
er lief → **laufen**
wir wogen → **wiegen**
am dicksten → **dick**

10 **Ch**ristbaum (Christ + Baum) **c**ool **K**etchup **k**ratzen **C**lown **C**reme **K**ompass **C**omputer **K**nie **Ch**or

11 Hast du genau kontrolliert?
Computer, Hammer, Müllmann, Lehrerin, Bäume, Qualle, Handy
Rechenquadrate, Blumenvase, Tierrätsel, Arztkittel, vielleicht, Räuberhöhle

12 Kontrolliere wieder ganz genau!

13 Taxi, wachsen, zurück, bewässern, Skizze
spät, rühren, kriechen, Cents, Flüssigkeit

14

F	R	E	U	N	D	J	L	X	Ü	P	A	U	S	E	R
K	P	S	O	N	N	E	I	W	A	H	L	A	N	G	G
W	E	I	C	H	T	A	F	E	L	P	B	E	R	U	F
A	N	G	S	T	P	T	K	Ö	A	V	A	S	E	I	N
W	Q	F	I	C	H	T	E	A	R	H	A	N	D	Y	Z
T	M	A	G	N	E	T	N	K	I	Z	I	E	L	R	J

die Pause, die Sonne, die Wahl, die Tafel, der Beruf, die Angst,
die Vase, die Fichte, das Handy, der Magnet, das Ziel

15 die Freunde, die Pausen, die Sonnen, die Wahlen, die Tafeln, die Berufe, die Ängste, die Vasen, die Fichten, die Handys, die Magnete, die Ziele

16 PREIS | MUT | GLÜCK | BAUM | HASS | ERFAHRUNG | WETTER | SPIEL
TRAUER | HAUS | WUT | HOFFNUNG | VORSICHT | GESETZ

das Glück, der Hass, das Wetter, die Trauer, die Wut, die Vorsicht

17 die lehrerin fragt am morgen ihre klasse: „wenn ich sage,
ich habe früh zu mittag gegessen, was ist das für eine zeit?“
fröhlich meldet sich alex: „eine mahlzeit, frau lehrerin!“

Die **L**ehrerin fragt am **M**orgen ihre **K**lasse: „**W**enn ich sage,
ich habe früh zu **M**ittag gegessen, was ist das für eine **Z**eit?“
Fröhlich meldet sich **A**lex: „**E**ine **M**ahlzeit, **F**rau **L**ehrerin!“

18 der Laubbaum, die Saftschorle, das Wasserglas, der Obstsalat, die Schuhsohle, der Tennisschläger, die Sommerferien, der Besenstiel, die Bettdecke, die Blumenvase

19

Biene		Schein
Hose		Mähne
Sonne	+n	Träger
Löwe		Zimmer
Klasse		Stock

Museum		Regel
Verkehr		Tier
Geburt	+s	Sonne
Frühling		Direktor
Liebling		Tag

Ecke		Schlag
Schule	~~e~~	Eis
Hitze		Hof
Kirsche		Bank

Maus		Hütte
Bild	?	Rahmen
Hund		Loch
Name		Tag

der Bienenstock, der Hosenträger, der Sonnenschein,
die Löwenmähne, das Klassenzimmer, der Museumsdirektor,
die Verkehrsregel, der Geburtstag, die Frühlingssonne, das Lieblingstier,
die Eckbank, der Schulhof, der Hitzschlag, das Kirscheis,
das Mauseloch, der Bilderrahmen, die Hundehütte, der Namenstag

20 Esstisch, Tiefgarage, Fahrrad, Spülmaschine, Schreibtisch, Frischkäse, Freizeit, Schlafsack, Vollmilch, Großeltern, Bratwurst, Rennwagen

Tiefgarage: tief + Garage, **Fahrrad**: fahren + Rad, **Spülmaschine**: spülen + Maschine, **Schreibtisch**: schreiben + Tisch, **Frischkäse**: frisch + Käse, **Freizeit**: frei + Zeit, **Schlafsack**: schlafen + Sack, **Vollmilch**: voll + Milch, **Großeltern**: groß + Eltern, **Bratwurst**: braten + Wurst, **Rennwagen**: rennen + Wagen

21 butterweich, steinalt, blitzschnell, eiskalt, schneeweiß

22 Reißverschluss, federleicht, Hochhaus, Kleidungsstück, Zeigefinger, honiggelb, feuerrot, Kinderspielplatz, Brennnessel (auch: Brenn-Nessel), Stofffetzen (auch: Stoff-Fetzen), Wohnzimmerfenster, Leuchtturm, kohlrabenschwarz, Schullandheim

23 Der Staubsaugerschlauch saugt Hausstaub in den Staubsaugerbauch.

24 Ans Vergessen der Hausaufgaben denkt dein Lehrer gern für dich. Häufiges Abschreiben ist bei Proben gern gesehen. Bei Fischen ist Fahrradfahren sehr beliebt. Täglich ist Ärgern von großen Brüdern auszuführen. Zum Arbeiten gehen Tiere täglich ins Schwimmbad. Am Quatschen mit seinem Nachbarn erkennt man den braven Schüler. Man kann beim Erledigen der Hausaufgaben auch schlafen. Vom Schlafengehen bis zum Aufstehen solltest du immer die Augen offen halten.

das Abschreiben, das Arbeiten, das Ärgern, das Aufstehen, das Erledigen, das Fahrradfahren, das Quatschen, das Schlafengehen, das Vergessen

25 Heute ist das Reisen einfacher als früher. Das Nutzen von Flugzeugen war unmöglich. Das Fahren mit dem Zug war sehr unbequem.

26 Sehr geehrter Herr Feuerwehrmann Wassermarsch,

wir, die Klasse 4c, möchten uns ganz herzlich bei **Ihnen**
für **Ihre** Führung durch die Feuerwache 1 bedanken.
Sie haben uns alles ganz genau erklärt und all unsere Fragen
beantwortet. Besonders toll fanden wir auch, dass wir einmal
Ihren Helm und **Ihre** Schutzhandschuhe anprobieren
und sogar einmal in **Ihrem** Löschfahrzeug sitzen durften.
Für viele von uns sind **Sie** jetzt ein Vorbild und einige
möchten auch gerne Feuerwehrmann oder Feuerwehrfrau werden.
Wir würden uns freuen, **Sie** bald einmal wiederzusehen!

Mit feurigen Grüßen
Ihre Klasse 4c

27

Bäume	2	Buch	1	Müllabfuhr	3	kopieren	3
Handy	2	abwaschen	3	Spieluhr	2	Feuerwehr	3
hübsch	1	erklären	3	Fußball	2	beeilen	3

28 Schreibtischlampe, Waldspaziergang, Federmäppchen, Marmelade, Holzfarbstifte

29 Tafelkreide, Gartenzaun, Schaukelstuhl, Hosentasche, Harfenkonzert, Geschichte, Postkarte, Bügeleisen

30 kunterbunt, Nachrichten, Pflaumenkuchen, Bratensoße

31

backen	das Gebäck	gebacken	Backform
das Springseil	gesprungen	es springt	der Sprung
sie lügt	er log	die Lügen	verlogen

32

Fahrbahn	befahren	Fährte	fuhr	~~liest~~
halten	hielt	Haltestelle	~~lesbar~~	behalten
gruben	grub	~~Lesebuch~~	Begräbnis	vergraben

liest, lesbar, Lesebuch
zum Beispiel: vorlesen, gelesen, er las, Lesung, Leserin, leserlich ...

33 Zahl, Liebe, Läusekamm, lieblos, kämmen, kämmbar, Liebling, Zähler, unzählig, verliebt, gekämmt, verzählen

kämmbar	**Zahl**	**Liebe**
Läusekamm	**Zähler**	**lieblos**
kämmen	**unzählig**	**Liebling**
gekämmt	**verzählen**	**verliebt**

34 schwimmen, geschwommen, **Schwimmer, Schwimmbad, schwimmt ...**
wohnen, **Wohnung, gewohnt, Bewohner, bewohnbar, Wohnzimmer ...**
mieten, **Miete, Vermieter, gemietet, Mieter, Mietrecht ...**
rennen, **Rennauto, Rennfahrer, gerannt, rannte, Rennbahn**

35 giftig anmalen Gesang nachschreiben
schriftlich Abwasch dankbar umschreiben Vorstellung

36 **Beispiele**: Sprache, Sprechstunde, Gespräch, Sprecher, Ansprache, sprechen, versprechen, ansprechen, entsprechen, besprechen, gesprochen, gesprächig, zweisprachig, sprachlos, versprochen

37 englische Wörter richtig **aus**sprechen,
einen Superstar **an**sprechen, einen Test **be**sprechen,
morgens früh **auf**stehen, die Fahrradprüfung **be**stehen,
beim Bäcker **an**stehen, sich gut mit der besten Freundin **ver**stehen
Manchmal können Ohren **ab**stehen.
Wie kann eine Mondfinsternis **ent**stehen?

38 abbiegen, auffühhren, auffressen, annähen, abbrechen, beeilen, verraten, beenden, verreisen, verrechnen, annehmen, auffordern, auffangen, enttäuschen

39 die Gesund**heit**, die Übel**keit**, das Gefäng**nis**, die Droh**ung**, das Begräb**nis**, die Freund**schaft**, die Heiter**keit**, die Reinig**ung**, der Reich**tum**

40 Achtung, Dunkelheit, Finsternis, Verfassung/Verfasser, Überraschung, Trauer/Traurigkeit, Öffnung/Offenheit

41 das Begräbnis, die Belohnung, die Drehung, die Dummheit, die Ehrlichkeit, die Entfernung, die Entwicklung, die Erfahrung ...

42

herr**lich/isch**	neu**lich**	stein**ig**	mädchen**haft**
verwund**bar**	gemüt**lich**	kitzel**ig**	angeber**isch**
gift**ig**	schwäch**lich**	grusel**ig**	müh**sam**

43

				w							
1		n	e	u	g	i	e	r	i	g	
2		m	a	n	g	e	l	h	a	f	t
			3	d	i	e	b	i	s	c	h
			4	e	i	n	s	a	m		
5		e	h	r	l	i	c	h			
6	e	s	s	b	a	r					
				a							
7		d	u	r	s	t	i	g			

44

bequem, Kaulquappe, quaken, Qual, Qualifikation,qualmen, Quark, Quartett, quatschen, Quelle, quetschen, quietschen, Quiz, überqueren, verquirlen

45

kreuz und **quer**; besonderes Viereck: **Quadrat**; Du sollst keine Tiere **quälen**.; anderes Wort für Rauch: **Qualm**; anderes Wort für Blödsinn: **Quatsch**; Ursprung eines Flusses: **Quelle**

46

der Schlaf, die Träumerin, kämmen, das Häusermeer,
verträumt, häuslich, der Tag, älter, schläfrig,
täglich, der Traum, der Kamm, das Haus, alt

47

Satz	→	Sätze	Baum	→	**Bäume**
Schatz	→	**Schätze**	**Stamm**	→	Stämme
Glas	→	Gläser	Braut	→	**Bräute**

48

Baum	→	Bäumchen	Pfanne	→	**Pfännchen/Pfännlein**
Blatt	→	**Blättchen/Blättlein**	Hase	→	**Häschen/Häslein**
Mann	→	**Männchen/Männlein**	Strauß	→	**Sträußchen/Sträußlein**

49

Bälle	→	Ball	R**e**chnung	→	———
schn**e**ll	→	———	gef**ä**hrlich	→	**Gefahr**
B**ä**cker	→	**backen**	H**ä**nde	→	**Hand**
j**ä**hrlich	→	**Jahr**	R**ä**tsel	→	**raten**
H**e**rbst	→	———	**Ä**pfel	→	**Apfel**
Ende	→	———	**E**nte	→	———

50 L**äu**tet der Wecker, müssen die meisten L**eu**te aufstehen.
Das Geb**äu**de ist stark besch**ä**digt, das wird t**eu**er.
M**äu**se leben auch in W**ä**ldern. Sie verstecken sich oft
in den Wurzeln der B**äu**me vor **Eu**len, die sie fressen wollen.
Bei dieser K**ä**lte frieren die Kinder. Ihre Lippen sind schon ganz bl**äu**lich.
Der K**e**llner sch**äu**mt die Milch für den Kaffee auf.
Ich lese gerade einen Abent**eu**erroman.
Es geht um Seer**äu**ber, die reiche B**eu**te machen.
Das wird keine gute **E**rnte. Nur wenige **Ä**pfel h**ä**ngen
an dem kleinen B**äu**mchen. Letztes Jahr war es b**e**sser.
Schade, aber das können wir leider nicht **ä**ndern.

51

Knie

Spiegel

Stiefel

Spiel/Spielbrett

Zwiebel

Brief

Riese

Biene

52 **Beispiele**:

Wiese → **Riese**
sprießen → **gießen, fließen, genießen**
Ziege → **Wiege, Fliege, Kriege**
tief → **schief, rief, lief, Brief**
Stiel → **viel, Ziel, Spiel**
Sieb → **Hieb, Dieb, lieb, Trieb**

53 **Beispiele**: addieren, dividieren, fotografieren, frieren, kontrollieren, markieren, multiplizieren, nummerieren, probieren, programmieren, subtrahieren, telefonieren, verzieren

54 Lass deine Sätze von einem Erwachsenen überprüfen.

55

es gefällt	→ es **gefiel**	er steigt	→ er **stieg**
wir schweigen	→ wir **schwiegen**	es treibt	→ es **trieb**
sie reiben	→ sie **rieben**	ich schlafe	→ ich **schlief**
ihr schreibt	→ ihr **schriebt**	du läufst	→ du **liefst**

56

Ldie	→ **Lied**	Sietr	→ **Stier**
Deib	→ **Dieb**	nieamnd	→ **niemand**
vlieeilcht	→ **vielleicht**	flheien	→ **fliehen**

57 anziehen, krähen, stehen, sehen, drohen, bemühen, verzeihen, verstehen, leihen

58 „Guten Morgen, wie **geht** es dir heute?“, fragt Mama, als sich Steffi gerade **anzieht**. Die **kräht** gutgelaunt: „Spitze!“, während sie vor ihrem Kleiderschrank **steht**. „Aber ich glaube, ich vermisse eine Socke! **Siehst** du sie vielleicht irgendwo?“ Mutter **droht**: „Wenn du nicht bald mal dein Zimmer ordentlich aufräumst, wirst du gar nichts mehr finden! Ich möchte, dass du dich mehr **bemühst**.“ „Mama, **verzeihst** du mir noch einmal? Morgen mache ich bestimmt Ordnung! Ich hatte nur bisher überhaupt keine Zeit, **verstehst** du?“, erwidert Steffi unschuldig. „Na gut, ein letztes Mal, mein Schatz. Ausnahmsweise erlaube ich, dass du dir von deiner Schwester ein Paar Socken **leihst**, aber gleich nach der Schule wird aufgeräumt!“

59

Schuh	→ **Schuhe**	nah	→ **näher, nahe**
ruht	→ **ruhen**	Zeh	→ **Zehen**
blüht	→ **blühen**	Geweih	→ **Geweihe**
Floh	→ **Flöhe**	roh	→ **roher**

60

die Hun-**de**	→ der **Hund**	die Zel-**te**	→ das **Zelt**
Lieder	→ **Lied**	**Kinder**	→ Kind
Körbe	→ **Korb**	**Ausflüge**	→ Ausflug
Ärzte	→ **Arzt**	**Stäbe**	→ Stab

Zwer**g**e → **Zwerg**

Bän**k**e → **Bank**

Gründe → Grun**d**

Plakate → Plaka**t**

61

star**k** → **stärker**

gesun**d** → **gesünder**

al**t** → **älter**

lau**t** → **lauter**

kran**k** → **kränker**

dich**t** → **dichter**

schrä**g** → **schräger**

trü**b** → **trüber**

frem**d** → **fremder**

klu**g** → **klüger**

62

Ö	K	L	G	O	H	J	S	S	R
T	H	F	E	A	S	Ä	R	I	A
L	I	E	B	E	N	M	J	E	T
Y	N	B	E	B	E	E	B	G	E
F	K	G	N	E	G	R	T	E	N
A	E	X	B	R	V	K	O	N	L
R	N	R	I	Ä	L	E	B	E	N
X	S	T	C	E	V	N	E	W	K
S	Ä	G	E	N	Y	K	N	L	L

hin-ken: er hinkt, lie-ben: er liebt, to-ben: er tobt, mer-ken: er merkt, le-ben: er lebt, ra-ten: er rät, sie-gen: er siegt, sä-gen: er sägt

63

der Parkplatz	die Zü**g**e
die Han**d**tasche	rei**t**en
die Wil**d**katze	die Hän**d**e
der Zu**g**führer	die Schrän**k**e
die Schran**k**tür	wil**d**er
der Sie**g**treffer	parken
die Rei**t**stiefel	die We**g**e
der We**g**weiser	sie**g**en

64 Am Aben**d** kann ich mit dem Telesko**p** meines Vaters den Mon**d** betrachten. Er leuchte**t** hell und strahlen**d** gel**b** am Himmel. Obwohl man den Mon**d** fast jede Nach**t** sehen kann, sieht er von Nahem ganz frem**d** aus. Es gi**b**t dort keinen Wal**d** und keine Wiese wie auf dem Plane**t**en Er**d**e.
Mein Vater sa**g**t: „Stell dir vor, das Lich**t** mancher Sterne brauch**t** so lange, bis es auf die Er**d**e fäll**t**, dass wir es ers**t** sehen können, wenn die Sterne selbst schon län**g**st verglüht sin**d**!“ Mer**k**würdig – wir sehen in die Vergangenhei**t**! Es ist spä**t** gewor**d**en. Mein Vater trä**g**t das Telesko**p** zurück ins Haus. Heute schlafe ich besonders gu**t** und träume vom Himmel, der wie ein großes Zel**t** um unsere Er**d**kugel gespannt ist.

65 giftig – der giftige Pilz, dreckig – die dreckige Hose, traurig – das traurige Kind, riesig – das riesige Fest, eckig – das eckige Bild, kräftig – der kräftige Mann, witzig – die witzige Geschichte

66

67 Eine Mutter bringt ihre Zwillinge Timmi und Tommi ins Bett.
Der eine Bruder lacht und lacht, da fragt die Mutter:
„Warum lachst du denn so viel?“ Darauf antwortet er:
„Du hast Tommi zweimal gebadet und mich gar nicht!“

68 Das ist Anna. Anna mag gerne Spaghetti essen. Außerdem liebt sie Wasser und Wellen im Hallenbad, ihre Puppe, ihren watteweichen Teddy, ihr Äffchen und die Sonne am Sommerhimmel.

69

Kamm

Löffel

Teppich

Ball

Tonne/Fass

Nuss

70 Hanna hat einen deutschen **Pass**,
das Gegenteil von Liebe ist **Hass**.

Ich bin in der vierten **Klasse**,
mein Tee ist in der **Tasse**.

Am Telefon wähle ich eine **Nummer**,
wenn ich traurig bin, habe ich **Kummer**.

Die meisten Kinder haben Vater und **Mutter**,
Brezeln esse ich am liebsten mit **Butter**.

Einen Nagel schlage ich in das Brett mit dem **Hammer**,
früher sagte man zum Zimmer auch **Kammer**.

Wer nicht draußen ist, ist **drinnen**,
beim Spielen möchte ich immer **gewinnen**.

71 **Beispiele**:

Fluss: **Kuss, muss, Schuss, Schluss, Nuss** (Achtung: Bus!)
Pfanne: **Anne, Tanne, Kanne, Panne**
Falle: **alle, Halle, Qualle, Schnalle**
essen: **fressen, messen, pressen, vergessen**
Pappe **Kappe, Klappe, Mappe, Knappe**
Ball: **Knall, Schall, Hall, prall, All, Wall, Aufprall**
fett: **nett, Bett, Brett, violett, Tablett, Quartett**

72

Grundstufe	Höherstufe	Höchststufe
hell	**heller**	**am hellsten**
schnell	schneller	**am schnellsten**
schlimm	**schlimmer**	**am schlimmsten**
dünn	dünner	**am dünnsten**
nett	**netter**	am nettesten
dumm	**dümmer**	am dümmsten

73

l/ll	Abfa**ll**
f/ff	schie**f**
n/nn	ke**nn**en
p/pp	Li**pp**e
l/ll	Mü**ll**
t/tt	ermi**tt**eln
s/ss	Ku**ss**

d/dd	Fa**d**en
m/mm	i**mm**er
g/gg	Ba**gg**er
t/tt	Ke**tt**e
s/ss	Gra**s**
g/gg	flie**g**en
f/ff	Kä**f**ig

l/ll	beste**ll**en
s/ss	bi**ss**chen
m/mm	neh**m**en
f/ff	Ko**ff**er
p/pp	Tre**pp**e
l/ll	Que**ll**e
l/ll	Qua**l**

74

Bett – Beet

satt – Saat

Lamm – lahm

Bann – Bahn

Riese – Risse

Hölle – Höhle

75 Julius ließ die **Ofen**tür **offen**.
Wir müssen unsere **Miete** bis **Mitte** des Monats überweisen.
Das rote **Schiff** liegt ganz **schief** im Wasser.
Hoffentlich kippt es nicht um.
Der Fischverkäufer konnte heute **alle Aale** verkaufen.
Wir untersuchten heute zwei **Wiesen**,
weil wir **wissen** wollten, welche Tiere dort leben.
Ich **rief** laut deinen Namen, denn rund um das **Riff** tobte laut das Meer.
Diebe **stehlen** wertvolle Gegenstände und
manche **stellen** sie dann zum Verkauf ins Internet.

76 ren|nen, bren|nen, Hal|le, Num|mer, Mas|se, don|nern,
es|sen, Ton|ne, mes|sen, wip|pen, müs|sen, Höl|le, Mes|ser,
Sup|pen|löf|fel, bet|teln, kom|men

77 schwimmen, schnattern, knabbern, schleppen,
sammeln, klettern, bitten

hauschkaverlag
einfach besser lernen
Üben und lernen für
Kindergarten & Schule
261
Zeichensetzung
ab 6. Klasse und für Erwachsene
212
Grammatik
1./2. Klasse
19
Textaufgaben
4. Klasse
222
Aufsatz
Deutsch 3. Klasse
613
Vorschule
Zahlen entdecken
273
Besser lesen
3. Klasse
215
Grammatik
5.-7. Klasse
71
Mathe trainieren
1. Klasse
gezielt fördern
selbständig lernen
von Kindern getestet
motiviert üben und
wiederholen
Qualität durch über
40 Jahre Erfahrung

en,

A) | 7,90 CHF (CH)

en
ch

Fit für jede Klassenarbeit!

ung

R (A) | 11,40 CHF (CH)

n

(A) | 7,90 CHF (CH)

ng

A) | 7,90 CHF (CH)

Aufsatz

2. bis 11. Klasse

- Schritt für Schritt zum guten Aufsatz
- viele Tipps und Übungen
- mit zahlreichen Musteraufsätzen

DIN-A5-Heft | 6,90 EUR (D) | 7,10 EUR (A) | 7,90 CHF (CH)

Rechtschreiben und Diktate

1. bis 7. Klasse
und für Erwachsene

- Rechtschreibstrategien und -regeln erlernen
- Zeichensetzung üben
- Übungsdiktate zur Überprüfung

DIN-A5-Heft | 6,90 EUR (D) | 7,10 EUR (A) | 7,90 CHF (CH)

Besser lesen

1. bis 4. Klasse

- Freude am Lesen mit den Lesemonstern
- Lesekompetenz steigern
- genaues, sinnerfassendes Lesen üben

DIN-A5-Heft | 6,90 EUR (D) | 7,10 EUR (A) | 7,90 CHF (CH)

Englisch

3. bis 7. Klasse
und für Erwachsene

- lehrwerksunabhängig Englisch lernen
- Zeitformen und Grammatik erlernen
- Diktate, Übersetzungen und Vokabeln üben

DIN-A5-Heft | 6,90 EUR (D) | 7,10 EUR (A) | 7,90 CHF (CH)

Für Kindergarten und Vorschule:

Malen & lernen

ab 3 Jahre

- Malspaß für zuhause und unterwegs
- verschiedene, liebevoll gestaltete Themen
- mit Motivkarten

DIN-A5-Block | 3,90 EUR (D)
4,00 EUR (A) | 4,50 CHF (CH)

Kindergarten & Vorschule

für 4- bis 6-Jährige

- Konzentration, Wahrnehmung und Motorik fördern
- ideale Vorbereitung auf Vor-/Grundschule

DIN-A5-Block | 4,90 EUR (D)
5,00 EUR (A) | 5,60 CHF (CH)

Vorschule & Schulstart

Vorschule und 1. Klasse

- gezielte Vorbereitung auf die Schule
- spielerisch Verständnis für Sprache und Zahlen fördern

DIN-A5-Heft | 4,90 EUR (D)
5,00 EUR (A) | 5,60 CHF (CH)

Hausaufgabenheft für die Grundschule

- genug Platz für Hausaufgaben, Notizen, Anmerkungen
- mit kleinen Spielchen, Rätseln und informativen Texten

DIN-A5-Heft | 3,90 EUR (D) | 4,00 EUR (A) | 5,00 CHF (CH)

Mehr Infos zur Unterstützung des Spendenprojekts unter www.hauschkaverlag.de/eindollarbrille

Pro Heft 1 Dollar an EinDollar-Brille

hauschkaverlag
einfach besser lernen

Hauschka Verlag · Inh. Thomas Wolf
Lilienthalstraße 1 · 82178 Puchheim
Tel. +49 89 1416013 · Fax +49 89 1416015
www.hauschkaverlag.de

Inhaltsverzeichnisse, Leseproben und Details zu allen Reihen unter **hauschkaverlag.de**

78 ich schwimme, er schwimmt, ihr schwimmt, ich schnattere, er schnattert, ihr schnattert, ich knabbere, er knabbert, ihr knabbert, ich schleppe, er schleppt, ihr schleppt, ich sammle, er sammelt, ihr sammelt, ich klettere, er klettert, ihr klettert, ich bitte, er bittet, ihr bittet

79 knal-len, hof-fen, düm-mer, fal-len, ren-nen, schwim-men, sam-meln

80 Bäckerinnen, Pflegerinnen, Kenntnisse, Erlebnisse, Ärztinnen, Geheimnisse, Freundinnen, Zeugnisse, Feindinnen

81 Busse, Zirkusse

82 flicken, backen, Stück, Ecke, Rücken/rücken, bücken, Dreck, Glück, Acker

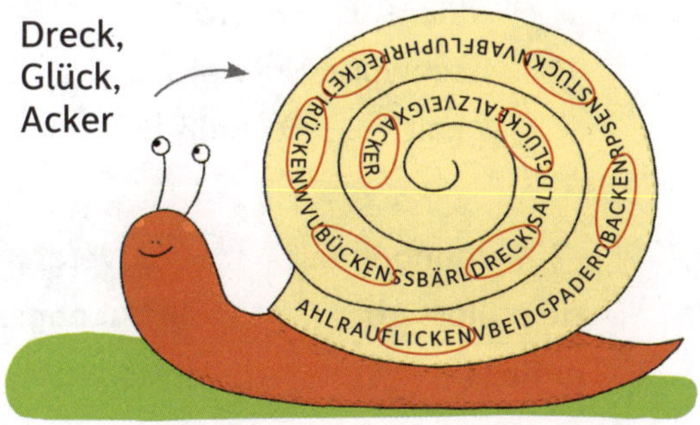

83 tro|cken → **trock|nen**
Ge|schmack → **schme|cken**
Pa|ckung → **pa|cken**
Blick → **bli|cken**
We|cker → **we|cken**
Kleck|se → **kleck|sen**

84 Ja**ck**e, Blo**ck**, Schran**k**, Ban**k**, Rü**ck**en, E**ck**e, We**ck**er, erschre**ck**en, verwel**k**en, Im**k**er, stär**k**er, Verste**ck**

85 Lieber in der **Hitze schwitzen**, als in einer **Pfütze sitzen**.

86

Nomen	**Verletzung**	**Spitze**	**Schmutz**
Verb	**verletzen**	spitzen	beschmutzen
Adjektiv	verletzlich	**spitz**	**schmutzig**

87 Papa sagt zu Oskar: „Deine Haare sind ja ganz zerzaust – hast du denn heute keinen Kamm **benutzt**? Und deine Hose ist zerrissen und **verschmutzt**. Hast du dich etwa **verletzt**?“ „Nein“, meint Oskar leise, „ich habe einen Frosch **beschützt**. Ich wollte nicht, dass er überfahren wird. Aber als ich versucht habe, ihn zu fangen, bin ich über eine Wurzel in eine Pfütze gestürzt. Das hat ganz schön **gespritzt**.“ „Na Hauptsache, du und dein Frosch, ihr habt das Abenteuer heil überstanden!“, schmunzelt Papa.

88 Ri**tz**e, Pla**tz**, Mar**z**ipan, Pi**zz**a, Är**z**tin, Fil**z**stift, gan**z**, pu**tz**en, Her**z**chen, he**tz**en, Pil**z**, Spi**tz**e, hei**z**en, kur**z**, Wi**tz**, Pflan**z**e, tan**z**en

89

drinnen	→	**draußen**	klein	→	**groß**
sauer	→	**süß**	schwarz	→	**weiß**
faul	→	**fleißig**	kalt	→	**heiß**

90

Gegenwart	1. Vergangenheit	2. Vergangenheit
sie **schließt ab**	sie schloss ab	sie **hat abgeschlossen**
er **fließt**	er **floss**	er ist geflossen
es **beißt**	es biss	es **hat gebissen**
wir gießen	wir **gossen**	wir **haben gegossen**
ich **schieße**	ich schoss	ich **habe geschossen**
sie grüßen	sie **grüßten**	sie **haben gegrüßt**
ich **weiß**	ich **wusste**	ich habe gewusst

91

schließen

Wörter mit ss	Wörter mit ß
verschlossen	**sie schließen**
der Schlosser	**abschließen**
Verschluss	**ich schließe ab**

fressen

Wörter mit ss	Wörter mit ß
Fressnapf	er fraß
das Fressen	**sie fraßen**
es frisst	**Vielfraß**

süß
versüßen
Süßigkeiten
süßer

groß
Großtante
Großeltern
größer

92 Spa**ß**, wi**ss**en, Stra**ß**e, wei**ß**, Me**ss**er, be**ss**er, blo**ß**, schlie**ß**lich, Ha**ss**, das Ma**ß**, Gie**ß**kanne, äu**ß**erst, grü**ß**en, Pä**ss**e, schie**ß**en, Flu**ss**

93 „Ist **dies** dein neues Lieblingsbuch?“ „Ja, ich leihe dir **dieses** Buch gerne, wenn ich es fertig gelesen habe.“ „Kennst du noch ein anderes Buch, **welches** Astrid Lindgren geschrieben hat?“ „Ja, errate **dieses** Buch: Es geht um ein Mädchen, **welches** sehr stark ist. Es kann sogar ein Pferd hochheben.“ „Oh, Pippi Langstrumpf mag ich auch gerne, kannst du dich an Herrn Nilsson, **dieses** Äffchen erinnern? **Dies** ist wirklich ein tolles Buch!“

94 Es ist toll, dass ich beim Geschichtenlesen in ganz neue Welten eintauchen kann. Ich kann mir zum Beispiel vorstellen, dass ich ein Dschungelabenteuer erlebe. Manchmal denke ich mir, dass ich zaubern kann. Wenn ich Krimis lese, stelle ich mir vor, dass ich Polizist werden könnte.

95 **Dass** mir Lesen Spaß macht, **das** kann ich dir versichern! Toll finde ich auch, **dass** es richtig in meinem Bauch kribbelt, wenn ich spannende Bücher lese. Kennt ihr **das** Gefühl, **dass** ihr ein Buch gar nicht mehr aus der Hand legen wollt, weil es euch so fesselt? **Dass** ich so gerne lese, hat mir schon den Spitznamen „Leseratte“ eingebracht. **Das** stört mich aber gar nicht. Ich finde es gut, **dass** ich so viele tolle Bücher zu Hause habe und freue mich, **dass** immer wieder neue dazukommen. Ein weiterer Vorteil meiner Lieblingsbeschäftigung ist, **dass** ich kaum Probleme beim Rechtschreiben habe. **Das** finde ich sehr praktisch. Außerdem sagt die Lehrerin oft, **dass** ich in der Schule vorlesen soll. **Das** kann ich nämlich auch sehr gut.

96

 **Vogel**

 **Klavier**

 **Ventilator**

 **Vase**

 **Vulkan**

 **Lava**

97 Tunwörter heißen auch: **Verben**
Selbstlaute heißen auch: **Vokale**
großes, vornehmes Haus: **Villa**
eins, zwei, drei, **vier**, fünf

98

gewinnen	→	**verlieren**
leer	→	**voll**
frech	→	**brav**
wenig	→	**viel**
erlauben	→	**verbieten**
sich merken	→	**vergessen**
nachher	→	**vorher**
Erlaubnis	→	**Verbot**

99 Vollmond, Video , vielleicht, Verstand, Vitamine, Verein, vorbei, Vorsicht, Vampir, Division, Vormittag, Vater, Adventskranz, Vorderrad, Violine, Verkehr, Silvester, Verlust, brav

100 **Beispiele**: verbrauchen, Verbrennung, verbieten, Verkäufer …
Vorfahrt, vorher, Vormittag, vorsichtig …

101 VER | kel | se | brauchen | nseher | bieten
FER | käuferin | tig | se | packung | ien

Ferse (hinterer Teil des Fußes), Verse (Zeilen eine Gedichts), verbieten, Verpackung, fertig, Ferien, Fernseher, Verkäuferin

102 Büchse – Lexikon – Dachs – Fax – Boxer – Ochse – links – Keks – Rückseite – Praxis – drechseln – Text – Fuchs – mixen – Taxi – wechseln – Eidechse – Klecks – Gewächshaus – Axt – du liegst

103

x	chs	cks
Lexikon	Büchse	**Rückseite**
Fax	**Dachs**	**Klecks**
Boxer	**Ochse**	**ks**
Praxis	**drechseln**	**links**
Text	**Fuchs**	**Keks**
mixen	**wechseln**	**gs**
Taxi	**Eidechse**	**du liegst**
Axt	**Gewächshaus**	

104 Der Lehrer bereitet ein spannendes Experiment vor.
Die Füchsin passt auf ihre Jungen auf.
Die Zwillinge Max und Alex kann man leicht verwechseln.
Die Kinderärztin behandelt keine Erwachsenen in ihrer Praxis.
Asterix und Obelix fangen sich einen Lachs.

105 He**x**e, se**chs**, Lesete**x**t,lin**ks**, Verwe**chs**lung, An**gs**t, Te**x**t, Schokoke**ks**, Eide**chs**e, Glü**cks**pilz, unterwe**gs**, wa**chs**en, Sparbü**chs**e, Kle**cks**, Mi**x**er, Pfin**gs**ten, Sa**x**ofon, e**x**trem, A**chs**e, vormitta**gs**, Hen**gs**t, bo**x**en

106 schräg, Träne, Lärm, mähen, Käse, Märchen, Verspätung

Känguru

Krähe

Marienkäfer

Bär

schräg, Trä-ne, Lärm, mä-hen, Kä-se, Mär-chen, Ver-spä-tung,
Kän-gu-ru, Krä-he, Ma-ri-en-kä-fer, Bär

108 der Festsaal, die Vogelbeere, der Zoowärter, der Schneemann, die Küchenwaage, der Teebeutel, das Kleeblatt

109 11 Schneeball, 15 Vogelbeere, 7 Haarreif, 8 Meeresgrund, 16 Zooeingang, 12 Schneehase, 13 Seepferdchen, 1 Aal, 2 Badesee, 9 Moos, 14 Staat, 10 Saaleingang, 5 Feenstaub, 4 Feenstab, 6 Gemüsebeet, 3 Brombeere

Aal, Badesee, Brombeere, Feenstab, Feenstaub, Gemüsebeet, Haarreif, Meeresgrund, Moos, Saaleingang, Schneeball, Schneehase, Seepferdchen, Staat, Vogelbeere, Zooeingang

110 An unserem Urlaub in Italien liebe ich s**eh**r:
Sonne, Strand und auch das **Meer**.

Gibst du mir bitte die Flasche h**er**,
mein Glas, das ist schon wieder **leer**.

Erwachsene trinken oft Kaff**ee**,
die Kinder nehmen lieber **Tee**.

Eine Hochzeit, die ist wunderb**ar**,
seht das glückliche Ehe**paar**.

Der Zwerg, der auf dem Stein dort st**eh**t,
der bewacht das Blumen**beet**.

Seht mal dort das junge R**eh**,
es frisst gerade grünen **Klee**.

111 wählen – belohnen – erzählen – mehr – hohl – fehlen – gefährlich – ehrlich – wohnen – ernähren – kühl – führen

belohnen – die Belohnung, erzählen – die Erzählung,
mehr – die Mehrheit/die Vermehrung, hohl – die Höhle,
fehlen – der Fehler, gefährlich – die Gefahr, ehrlich – die Ehrlichkeit,
wohnen – die Wohnung, ernähren – die Ernährung,
kühl – die Kühlung/die Abkühlung/die Kühle,
führen – die Führung

112

das hat ein Stuhl hinten:	**Lehne**	→	**Lehnen**
gemahlenes Getreide:	**Mehl**		(Hier gibt es keine MZ.)
583 ist eine:	**Zahl**	→	**Zahlen**
Frau, die Kinder unterrichtet:	**Lehrerin**	→	**Lehrerinnen**
klein und weiß im Mund:	**Zahn**	→	**Zähne**
anderes Wort für Zug:	**Bahn**	→	**Bahnen**

113 ähnlich, gewöhnlich, jährlich, ehrlich
schuldlos, hilflos, gefühllos, wohnungslos

114 das Drahtseil, die Mahlzeit, der Busfahrer, der Bahnhof,
der Höhlenforscher, der Märchenerzähler, die Babynahrung

115

der Za**h**n	der Ka/ter	der Fe/rnseher
der Ha/fen	der Fe**h**ler	se**h**r
die Ba**h**n	der Ra/sen	der Feldwe/g
das Fa**h**rzeug	die O**h**ren	die Wa**h**rheit
die Taschenu**h**r	der Ha/se	der Lo**h**n

116 Waschmaschine, Spülmaschine, Bohrmaschine, Schreibmaschine ...

117

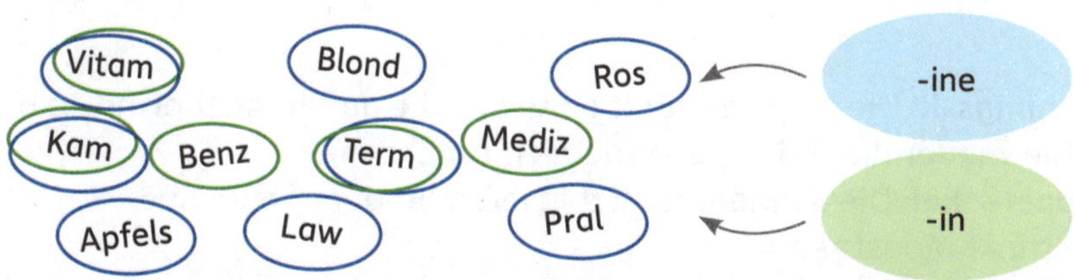

die Blondine, die Rosine, der Kamin, die Kamine, das Benzin,
der Termin, die Termine, die Medizin, die Apfelsine, die Lawine, die Praline

118

 **der Biber**
die Biber

 **der Delfin**
die Delfine

 **das Krokodil**
die Krokodile

 **der Igel**
die Igel

 **der Tiger**
die Tiger

 **das Nilpferd**
die Nilpferde

119

1						T	E	R	M	I	N
2					K	I	L	O			
3								S	C	H	I
4							L	I	D		
5	M	A	R	G	A	R	I	N	E		
6					B	I	B	E	L		
7						K	I	N	O		

Du kannst auch Ski schreiben!

120

Dehnungs-h	ie	Doppelvokal (aa, ee, oo)	einzelner Konsonant folgt
zählen	wiegen	Moos	aber
fahren	nie	Tee	Abend
ähnlich	wieder	Haare	Gras
Schuh	Biene	Boot	leben
Stuhl	Zwiebel	See	Rübe
fröhlich	friedlich	Schnee	Hase
Lehrerin	fliegen	Waage	nagen
ohne	Lied	Fee	schlafen

121 **Dehnungs-h**: Die Lehrerin zählt ohne Schuhe auf dem Stuhl ihr Geld.
ie: Nie wieder fliegt die Biene friedlich zur Zwiebel.
Doppelvokal: Die Schneefee sitzt in ihrem Boot auf dem See und trinkt Moostee.
einzelner Konsonant folgt: Der Hase nagt an einer Rübe und schläft am Abend gemütlich im Gras.

122 wächst auf deinem Kopf: **Haare**; Nomen zu säen: **Saat**
Am Samstag plansche ich gerne in unserer **Bade**wanne.
Wir fahren mit der Seil**bahn** auf den Berg.
Einen „Faden“ aus Metall nennt man auch **Draht**.
Ich puste gerne Seifen**blasen** in die Luft. Sie schillern so schön bunt!
Vorsicht! **Glas** ist sehr zerbrechlich!

23 die Fee, der Badesee, der Besen, sehr, der Kamillentee, das Gemüsebeet, der Schnee, das Kleeblatt, kleben, die Idee, das Gebet, die Drehung, der Speer, der Fehler

24

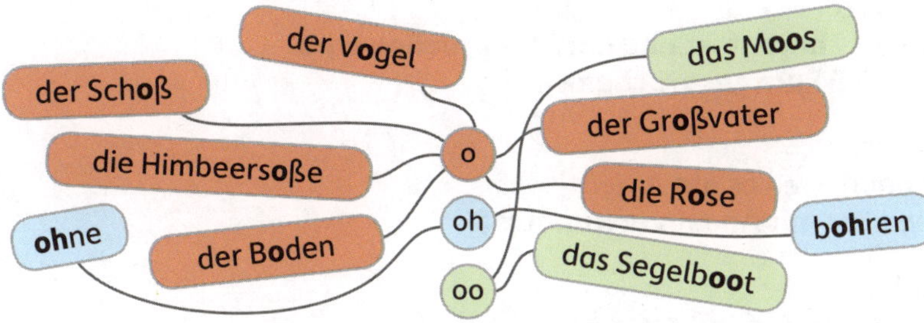

25 Die Klasse 4d wählt heute **ihren** Klassensprecher. Auch mein Freund Felix steht zur Wahl. Ich denke, ich werde **ihm** meine Stimme geben. Ich glaube, dass Felix ein sehr guter Klassensprecher sein wird und **ihm** deshalb viele Kinder **ihre** Stimme geben werden. **Ihn** würde ich auch wählen, wenn er nicht mein Freund wäre.

26

$1730 \cdot 5$ = **8650**	Multiplikation multiplizieren	$55117 - 54987$ = **130**	Subtraktion subtrahieren
$327 + 643$ = **970**	Addition addieren	$1484 : 2 =$ **742**	Division dividieren

27 Haustier und Freundschaft sind **Nomen**. Man schreibt sie groß und man kann einen **Artikel** (der, die, das) davorstellen. Tunwörter nennt man auch **Verben**. Tunwörter und Wiewörter (**Adjektive**) schreibt man klein. *Ich, du, er, sie, es, wir, ihr* und *sie* können ein Nomen ersetzen. Deshalb nennt man sie **Pronomen.**

Peter	malt	Kühe.
Subjekt	**Prädikat**	**Objekt**

28

Jeans

T-Shirt

Jogginganzug

Pullover

129 Blitzschlag
- B (groß), weil **es ein Nomen ist**
- tz, weil **i kurz gesprochen wird**
- g, weil **es mit Schläge verwandt ist**

dickflüssig
- ck, weil **i betont ist und kurz gesprochen wird**
- ss, weil **ü kurz gesprochen wird**

ängstlich
- ä (klein), weil **es ein Adjektiv ist**
- ä, weil **es mit Angst verwandt ist**

Läusekamm
- äu, weil **es mit Laus verwandt ist**
- … zusammen, weil **es ein zusammengesetztes Nomen ist**

130 groß oder **klein**, b oder **p** → **Korb**

groß oder **klein**, mit h oder **ohne h** → **Schuh**

d oder **t, e** oder **eh** oder ee in der Mitte → **Erdbeere**

mit zz, **z** oder **tz** → **Pizza**

groß oder **klein**, **r** oder rr, d oder **t** → **Fahrrad**

131

Meerschweinchen (S. 11, 53, 54)

Bohrmaschine (S. 58)

Spinne (S. 35–40)

Stiel (S. 26)

Vase (S. 48–49)

Fuchs (S. 50)

132 Am Ende des dritten Schul Jahres war ich mit meiner Klasse im Schulandheim. Dort durften wir einen Fertreter des Jegerberufes kenenlernen. Wir erfuhren, das Jäger und Förster sich um die Tihre und Pflanzen des Waldes kümmern, also zum beispiel um Füxe, Ree, Beume und Piltze. Sie müssen auch darauf Achten, das immer genuk Narung im Walt vorhanden isst. Heufig haben Jäger auch einen Hunt, der ihnen dabei hilfft, kranke oder tote Tiere zu finden. Den Erzehlungen des Jägers lauschten wir voller Spannung.

Am Ende des dri**tt**en Schu**lj**ahres war ich mit meiner Klasse im Schu**ll**andheim. Dort durften wir einen **V**ertreter des J**ä**gerberufes ken**n**enlernen. Wir erfuhren, das**s** Jäger und Förster sich um die Ti**e**re und Pflanzen des Waldes kümmern, also zum **B**eispiel um Fü**chs**e, Re**h**e, B**ä**ume und Pil**z**e. Sie müssen auch darauf **a**chten, das**s** immer genu**g** Na**h**rung im Wal**d** vorhanden i**s**t. H**ä**ufig haben Jäger auch einen Hun**d**, der ihnen dabei hil**f**t, kranke oder tote Tiere zu finden. Den Erz**ä**hlungen des Jägers lauschten wir voller Spannung.

133 Die ↑delfine sind Zahnwale und ↓ Gehören zu den ↓ Wenigen Säugetieren, ↓ Die im Wasser leben. Deshalb nennt man sie auch ↑meeressäuger. Delfine sind die vielfältigste ↓ Und mit rund 40 ↑arten die größte Familie der Wale. Sie sind in allen Meeren zu finden. ↑ihre ↑vorfahren waren Säugetiere, die auf dem ↑land lebten. Vor Millionen von ↑jahren gingen sie wieder zu einem ↑leben im Wasser über. ↑delfine besitzen einen stromlinienförmigen Körper und sind deshalb ↓ Perfekte Schwimmer. Sie werden je nach Art zwischen 1,5 und vier ↑meter lang. Die größten Delfine, die Schwertwale, erreichen sogar eine Länge von acht bis neun Metern.

Ich habe **5**-mal mit ↓ korrigiert und **9**-mal ↑ benutzt.

134 Verien am Mehr

Letzten Somer machten wir Urlaub am Strant. Ich mochte das Ufer des Meeres besonders gern, den Sant, die muscheln, das Meeresrauschen und die vielen angespühlten Gegenstende, die mann dort finden konnte. Einmahl fand ich sogar Zwei grosse Sehigel, die die Welen angetriben hatten.
Meine ganzen Schetze samelte ich auf meinem Handtuch. Ich sass oft im Schaten unseres sonnenschirmes und dachte mir aus, wo meine Fundstüke wohl schon überal gewesen waren.
Da liess ich gerne meine Gedanken fligen. Vielleicht schraibe ich sogahr einmal eine kleine Geschichte über meine Schazstücke!

Ferien am Me**e**r

Letzten Som**m**er machten wir Urlaub am Stran**d**. Ich mochte das Ufer des Meeres besonders gern, den San**d**, die **M**uscheln,

das Meeresrauschen und die vielen angespülten Gegenstände, die man dort finden konnte. Einmal fand ich sogar zwei große Seeigel, die die Wellen angetrieben hatten.
Meine ganzen Schätze sammelte ich auf meinem Handtuch. Ich saß oft im Schatten unseres Sonnenschirmes und dachte mir aus, wo meine Fundstücke wohl schon überall gewesen waren. Da ließ ich gerne meine Gedanken fliegen. Vielleicht schreibe ich sogar einmal eine kleine Geschichte über meine Schatzstücke!

135 Drei Hunde habe ich. In einem Glas voll Wasser schwimmen meine Zierfische. Auf der Weide grasen Ponys. Im Käfig zwitschert der Kanarienvogel. Unter dem Laub versteckt sich ein Igel. Auf dem Sessel sitzt meine Katze. Auf der Kirchturmspitze singt eine Amsel. Im Gartenteich quakt der Frosch.

136 KLUGHFGSTUHLLBBSPIELÖOSCHNEEÄDSAERUNDMMGDUCCWIRP
THEFTBXYMEHRSSAFREITFSAALQWAHAHNFGHWEITPIFSCHREIBT

137 Ba|na|ne Ki|wi Ap|fel Bir|ne Man|da|ri|ne Trau|be
Man|go Erd|bee|re Pfir|sich Ap|ri|ko|se Ma|ra|cu|ja

138 krie-chen, spre-chen, Al-pha-bet, wach-sen, pa-cken, glück-lich, ste-cken, Zu-cker, Fla-sche, Fich-te

139 Haar||bürs|te ver||schrei|ben Deutsch||pro|be
Gar|ten||tür|chen rie|sen||groß Arzt||kit|tel
Schön||schrift wun|der||schön dun|kel||blau ab||ma|len
Stra|ßen||schild Ent||wurf un|ter||schrei|ben

140 Ana|nas oder aber So|phia Ele|fant Esel Ecke Olym|pia
Igel Amei|se bio|lo|gisch Abend|brot Ame|ri|ka Ehe|ring Oma

141

Sä	fin	ter	der	vor	tung	gehst.	tief.	ist	ver
bel	dest	der	Ecke	bei	al	Gra	Der	im	steckt.
Jim,	du	Stein	der	fünf	tes	be	Schlüs	Kom	Nun
die	schnell,	pal	gro	zehn	See	dort	sel	bü	aber
Schatz	wenn	me	ßen	Schrit	fah	zwei	zur	sen	viel
kis	du	rechts	Höh	te	rer	Me	Tru	koch	Glück!
te	hin	an	le	Rich	grab	ter	he	topf	

142 ... und Herr Niemand unten. Herr Dumm sagt zu Herrn Niemand: „Kommen Sie, wir gehen auf die Terrasse." Herr Keiner spuckt von seinem Balkon aus Herrn Dumm auf den Kopf. Herr Dumm ruft laut: „He! Was soll denn das?" Dann geht Herr Dumm zum Wachtmeister und sagt: „Keiner hat mir auf den Kopf gespuckt, und Niemand hat es gesehen." Darauf fragt der Wachtmeister: „Sagen Sie mal, sind Sie etwa dumm?" Da entgegnet Herr Dumm: „Ja, woher kennen Sie denn meinen Namen?"

143 schreien hüpfen kreischen brüllen aufwachen fragen antworten stottern jubeln berichten erzählen erwidern malen herausplatzen jammern singen tanzen

stöhnen, stammeln, rufen, kreischen, entgegnen, flüstern ...

144

Erkan erzählt:	Mein Kopf tut mir so weh!
Mario schreit Cem an:	Gestern haben wir einen Ausflug gemacht.
Vater fragt Lilli:	Finger weg von meinen Stickern!
Ludwig jammert:	Jetzt hast du dein Zimmer immer noch nicht aufgeräumt!
Mama schimpft:	Wann beginnt dein Training heute?
Cem jubelt:	Hurra, ich habe eine Zwei in Mathe!

145 Mario schreit Cem an: „Finger weg von meinen Stickern!"
Vater fragt Lilli: „Wann beginnt dein Training heute?"
Ludwig jammert: „Mein Kopf tut mir so weh!"
Mama schimpft: „Jetzt hast du dein Zimmer
immer noch nicht aufgeräumt!"
Cem jubelt: „Hurra, ich habe eine Zwei in Mathe!"

146 ← Verena beschwert sich: „Ich will noch nicht ins Bett."
→ „Ich will noch nicht ins Bett", beschwert sich Verena.

→ „Wenn morgen der Wecker klingelt, bist du müde", antwortet Mama.
⟷ „Wenn morgen der Wecker klingelt", antwortet Mama, „bist du müde."

⟷ „Darf ich", fragt Verena, „dann am Samstag bis 9 Uhr wach bleiben?"
← Verena fragt: „Darf ich dann am Samstag bis 9 Uhr wach bleiben?"

⟷ „Am Wochenende", sagt Mama, „ist mir das recht."
→ „Am Wochenende ist mir das recht", sagt Mama.

147 „Es ist wichtig", sagt der Lehrer, „dass ihr vor und nach der wörtlichen Rede die Anführungszeichen nicht vergesst." Antonia meldet sich: „Meine Mama sagt immer Gänsefüßchen dazu." „Ja, so kann man die Anführungszeichen auch nennen. Wichtig ist nur, dass ihr daran denkt", antwortet der Lehrer. Plötzlich schreit Peter dazwischen: „Nach Ausrufesätzen muss ich ein Ausrufezeichen setzen. Das bleibt auch da, wenn der Redebegleitsatz hinten steht oder eingeschoben wird." „Ja", entgegnet der Lehrer, „auch Fragezeichen bleiben bestehen. Aber melde dich bitte das nächste Mal."

dass – ein Bindewort

Dass ist ein **Bindewort**.
Es steht am **Beginn eines Nebensatzes**.
Der Hauptsatz davor wird mit einem
Komma abgetrennt. Es gibt hier
keine Ersatzprobe!

94 Unterstreiche alle **dass** im Text rot,
kreise die Kommas davor ein!

Es ist toll, dass ich beim Geschichtenlesen in ganz neue Welten eintauchen kann. Ich kann mir zum Beispiel vorstellen, dass ich ein Dschungelabenteuer erlebe. Manchmal denke ich mir, dass ich zaubern kann. Wenn ich Krimis lese, stelle ich mir vor, dass ich Polizist werden könnte.

95 Achtung! Manchmal steht **dass** auch am Satzanfang
oder es folgt nach dem Komma ein **das**.

▸ Setze **das** oder **dass** ein! Überlege immer, ob es Ersatzwörter gibt!

_________ mir Lesen Spaß macht, _________ kann ich dir versichern! Toll finde ich auch, _________ es richtig in meinem Bauch kribbelt, wenn ich spannende Bücher lese. Kennt ihr _________ Gefühl, _________ ihr ein Buch gar nicht mehr aus der Hand legen wollt, weil es euch so fesselt? _________ ich so gerne lese, hat mir schon den Spitznamen „Leseratte" eingebracht. _________ stört mich aber gar nicht. Ich finde es gut, _________ ich so viele tolle Bücher zu Hause habe und freue mich, _________ immer wieder neue dazukommen. Ein weiterer Vorteil meiner Lieblingsbeschäftigung ist, _________ ich kaum Probleme beim Rechtschreiben habe. _________ finde ich sehr praktisch. Außerdem sagt die Lehrerin oft, _________ ich in der Schule vorlesen soll. _________ kann ich nämlich auch sehr gut.

Merkwörter

Manche Wörter musst du dir gut merken. Sie haben alle eine besondere Aufpass-Stelle, zu der es keine Regel gibt.

Merkwörter mit V/v

96 Finde die passenden Lösungen mit **V/v**!

 ____________________  ____________________

 ____________________  ____________________

 ____________________  ____________________

97 Rate! Jedes Wort beginnt mit V/v.

Tunwörter heißen auch: ____________; großes, vornehmes Haus: ________

Selbstlaute heißen auch: ______________; eins, zwei, drei, __________, fünf

98 ▶ Finde das Gegenteil! In jedem Wort steckt ein **V/v**.

gewinnen →	________________	erlauben →	________________
leer →	________________	sich merken →	________________
frech →	________________	nachher →	________________
wenig →	________________	Erlaubnis →	________________

▶ Kontrolliere genau! Viele Wörter haben weitere Aufpass-Stellen.

99 Das **V/v** kann wie **f** oder auch wie **w** klingen. Markiere das V/v so:

V/v klingt wie f **V/v klingt wie w**

Vollmond, Video, vielleicht, Verstand, Vitamine, Verein, vorbei, Vorsicht, Vampir, Division, Vormittag, Vater, Adventskranz, Vorderrad, Violine, Verkehr, Silvester, Verlust, brav

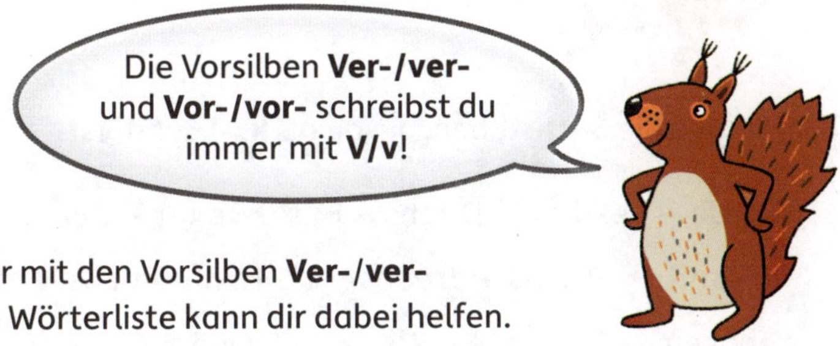

100 Finde je vier Wörter mit den Vorsilben **Ver-/ver-** und **Vor-/vor-**! Die Wörterliste kann dir dabei helfen.

Ver-/ver- ______________________________

____

Ver-/vor- ______________________________

____

101 Vorsicht: Es gibt ein paar Wörter mit **Fer/fer**. Fer/fer ist nie eine Vorsilbe!

- Male die hinteren Wortteile passend zu den Wortanfängen an und schreibe die Wörter auf! Achte auf die Groß- und Kleinschreibung!

VER kel se brauchen nseher bieten

FER käuferin tig se packung ien

verbrauchen, Ferkel, ______________________________

____

____

____

Merkwörter mit dem ks-Laut

Ich **höre** immer **ks**, aber ich **schreibe** **x**, **ks**, **cks**, **chs** oder **gs**.

102 Markiere die Buchstaben, die du als **ks-Laut** hörst!

~~Büchse~~ – Lexikon – Dachs – Fax – Boxer – Ochse – links – Keks – Rückseite – Praxis – drechseln – Text – Fuchs – mixen – Taxi – wechseln – Eidechse – Klecks – Gewächshaus – Axt – du liegst

103 Ordne die Wörter von Aufgabe **102** in die Tabelle ein!

x	chs	cks
	Büchse	
		ks
		gs

104 ▸ Markiere die **ks-Laute**!
▸ Schreibe dann die Sätze in der richtigen Reihenfolge auf!
Das erste Wort ist immer fett gedruckt.

Lehrer spannendes ein bereitet. Experiment **Der** vor

Der ____

____

Die passt Füchsin auf. ihre auf Jungen

____

____

Zwillinge **Die** Max Alex. und man verwechseln leicht kann

____

____

Kinderärztin **Die** keine Erwachsenen ihrer in Praxis. behandelt

____

____

und **Asterix** Obelix fangen Lachs. sich einen

____

____

105 Trage die fehlenden Buchstaben (**x**, **ks**, **cks**, **chs**, **gs**) ein!

He____e, se____, Lesete____t, lin____, Verwe____lung, An____t, Te____t,

Schokoke____, Eide____e, Glü____pilz, unterwe____, wa____en,

Sparbü____e, Kle____, Mi____er, Pfin____ten, Sa____ofon, e____trem,

A____e, vormitta____, Hen____t , bo____en

Merkwörter mit ä

Zu manchen Wörtern mit **ä**
gibt es **keine** Verwandten mit **a**.
Merke sie dir gut!

106
- Löse die Purzelrätsel und schreibe die Wörter auf!
- Markiere alle **ä**!

gschrä nTäre Lmrä mäneh esäK äMrnche Vspäerungt

107
- Schreibe die Tiernamen mit **ä** zu den Bildern!

K

- Schreibe die Wörter von Aufgabe **106** und **107** nach Silben getrennt noch mal auf deinen Block!

Ein Ausflug in den Tierpark

Lisa geht mit ihrer Mama in den Zoo. Dort beobachten sie die Bären in ihrem Käfig. Später gehen sie zu den Kängurus. Während Lisa eine vorbeifliegende Krähe bewundert, landet ein Marienkäfer auf ihrer Hand.
Das freut das Mädchen sehr. (44 Wörter)

Doppelvokale (Doppelselbstlaute)

Wörter mit
einem doppelten Vokal
musst du dir merken:
Moos, Saat, Klee.

108 ▸ Setze immer ein Wort aus der rechten und eines aus der linken Spalte passend zusammen und schreibe das neue Wort mit Artikel in die Mitte!

▸ Markiere die Doppelvokale!

~~Kaffee~~	**die Kaffeekanne**	Beutel
Fest		Blatt
Vogel		~~Kanne~~
Zoo		Waage
Schnee		Beere
Küchen		Mann
Tee		Wärter
Klee		Saal

109 ▸ Markiere die Doppelvokale und nummeriere die Wörter nach dem Abc!

☐ Schneeball, ☐ Vogelbeere, ☐ Haarreif, ☐ Meeresgrund,
☐ Zooeingang, ☐ Schneehase, ☐ Seepferdchen, [1] Aal,
☐ Badesee, ☐ Moos, ☐ Staat, ☐ Saaleingang,
☐ Feenstaub, ☐ Feenstab, ☐ Gemüsebeet, ☐ Brombeere

▸ Schreibe die Wörter nach dem Alphabet geordnet auf deinen Block! Denke dabei an die Abschreibregeln!

110 Achtung: Langgesprochene Vokale können sich reimen, auch wenn sie auf verschiedene Arten gedehnt werden: Zum Beispiel: vor – Ohr – Moor.

▸ Finde Reimwörter mit einem Doppelvokal!

An unserem Urlaub in Italien liebe ich s**eh**r:

Sonne, Strand und auch das ________________.

Gibst du mir bitte die Flasche h**e**r,

mein Glas, das ist schon wieder ________________.

Erwachsene trinken oft Kaff**ee**,

die Kinder nehmen lieber ________________.

Eine Hochzeit, die ist wunderb**a**r,

seht das glückliche Ehe________________.

Der Zwerg, der auf dem Stein dort st**eh**t,

der bewacht das Blumen________________.

Seht mal dort das junge R**eh**,

es frisst gerade grünen ________________.

Die Bootsfahrt

Emil und Oma machen im Urlaub eine Bootsfahrt auf dem Mittelmeer. Oma bestellt sich auf der Fahrt eine Tasse Kaffee und ein Stück Blaubeerkuchen. Emil bekommt einen Becher mit Tee. Schnell trinkt er ihn leer. Auf offener See beobachten Emil und Oma sogar ein paar Delfine und riesige Segelboote. Zuhause kocht Oma Emil Kartoffelpüree zum Abendessen und der Junge hat die Idee, Oma ein Bild von ihrem Ausflug zu malen. (72 Wörter)

Merkwörter mit Dehnungs-h

Da man das Dehnungs-h nicht hört, musst du dir diese Wörter sehr gut merken. Der **Vokal** davor wird **lang** gesprochen.

Wörter mit Dehnungs-h: **bohren, Gefahr, sehr, ohne.**

111 ▸ Suche in diesen Wörtern das Dehnungs-h und markiere es!
▸ Kennzeichne den Vokal davor mit einem Strich!

wählen – belohnen – erzählen – mehr – hohl – fehlen –

gefährlich – ehrlich – wohnen – ernähren – kühl – führen

Zu diesen Wörter gibt es verwandte Nomen.
Denke dabei auch an die Nachsilben, die Nomen kennzeichnen!
▸ Schreibe zuerst das Wort und dann das Nomen mit Artikel auf!

wählen – die Wahl,

112 Was ist das? Alle Lösungen enthalten ein **Dehnungs-h**.

▶ Ergänze zu den Lösungswörtern ihren Plural (Mehrzahl)!

das hat ein Stuhl hinten:	**Lehne**	→ **Lehnen**
gemahlenes Getreide:	______	(Hier gibt es keine MZ.)
583 ist eine:	______	→ ______
Frau, die Kinder unterrichtet:	______	→ ______
klein und weiß im Mund:	______	→ ______
anderes Wort für Zug:	______	→ ______

113 Bilde mit Hilfe der Wortbausteine **-lich** oder **-los** verwandte Adjektive!
Vorsicht: Teilweise musst du noch etwas verändern!
Adjektive schreibst du klein!

Adjektive mit **-lich**:

ähnlich, ______

______

Adjektive mit **-los**:

______

______

114 Bilde zusammengesetzte Nomen und schreibe sie mit Artikel auf!

~~Berg~~	**der Bergführer**	Seil
Draht	______________	~~Führer~~
Mahl	______________	Zeit
Bus	______________	Nahrung
Bahn	______________	Hof
Höhlen	______________	Erzähler
Märchen	______________	Fahrer
Baby	______________	Forscher

115 Setze das **Dehnungs-h** nur da ein, wo es gebraucht wird!

der Za____n	der Ka____ter	der Fe____rnseher
der Ha____fen	der Fe____ler	se____r
die Ba____n	der Ra____sen	der Feldwe____g
das Fa____rzeug	die O____ren	die Wa____rheit
die Taschenu____r	der Ha____se	der Lo____n

Merkwörter mit langem i

In manchen Wörtern wird
das **lange i** nur mit **i** geschrieben.
Merke sie dir gut!

Wörter mit -in oder -ine

116 Wir benutzen viele Maschinen in unserem Alltag.

- Finde noch drei Maschinen und schreibe sie auf!
- Markiere das langgesprochene i!

Küchenmaschine,

117
- Kreise die Wortanfänge mit der zur Endung passenden Farbe ein!
Tipp: Manchmal passen beide Endungen.

Vitam Blond Ros

Kam Benz Term Mediz

Apfels Law Pral

-ine

-in

- Schreibe die Nomen mit ihrem Artikel auf!

das Vitamin, die Vitamine,

Tiere mit langem i

118 Schreibe die Tiernamen in Ein- und Mehrzahl auf!

der Biber ____________

die Biber ____________

das ____________

die ____________

____

____

____

____

____

____

____

____

Weitere Wörter mit langem i

119 Finde die Wörter! Das **Lösungswort** kannst du von oben nach unten lesen!

1. Wenn dir der Arzt sagt, um wie viel Uhr du zu ihm kommen kannst, gibt er dir einen ...
2. Diese Gewichtseinheit kennst du schon: 1 000 Gramm = ein ... (Kurzform!)
3. Auf diesen zwei Brettern kannst du im Winter den Berg hinunterfahren. (Einzahl)
4. Damit kannst du dein Auge schließen.
5. Das kann man statt Butter aufs Brot streichen oder damit backen.
6. das heilige Buch der Christen
7. Dort kannst du dir Filme auf einer großen Leinwand anschauen.

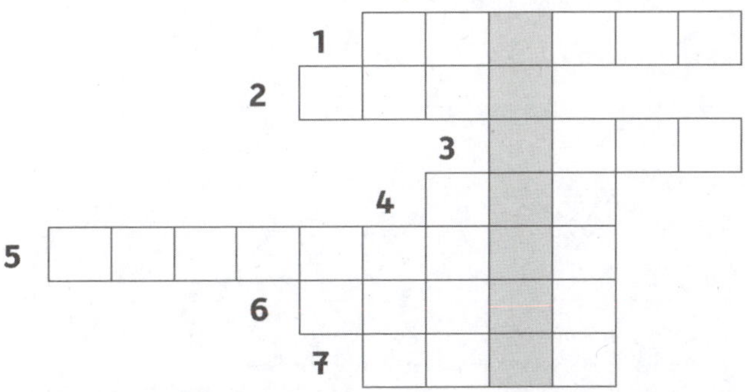

Verschiedene Lautdehnungen

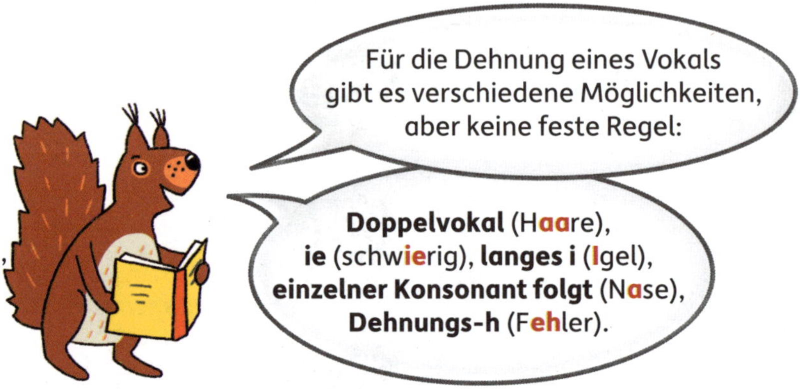

120 ▶ Markiere alle betonten langen Laute!
▶ Ordne diese Dehnungswörter passend in die Tabelle ein!

wiegen, aber, zählen, nie, wieder, Moos, Abend, Biene, Gras, Tee, Zwiebel, leben, fahren, Haare, ähnlich, Schuh, Boot, friedlich, Stuhl, Rübe, fliegen, fröhlich, Hase, See, Schnee, Lehrerin, Lied, ohne, Waage, nagen, Fee, schlafen

Dehnungs-h	ie	Doppelvokal (aa, ee, oo)	einzelner Konsonant folgt

121 Zu Aufgabe **120**: Wähle jeweils mindestens **drei Wörter** aus jeder Spalte und bilde daraus einen lustigen Satz! (Beispielsätze in der Lösung!)

Dehnungs-h: ______________________________

____

ie: ______________________________

____

Doppelvokal: ______________________________

____

einzelner Konsonant folgt: ______________________________

____

Langes a

122 Löse die Rätsel und entscheide dich für die richtige Dehnung!

wächst auf deinem Kopf: ______________

Nomen zu säen: ______________

Am Samstag plansche ich gerne in unserer ___________wanne.

Wir fahren mit der Seil___________ auf den Berg.

Einen „Faden“ aus Metall nennt man auch ___________.

Ich puste gerne Seifen___________ in die Luft. Sie schillern so schön bunt!

Vorsicht! ___________ ist sehr zerbrechlich!

Langes e

123 Ergänze die **langen e** in der entsprechenden Farbe: **e**, **eh**, **ee**!

die F<u>ee</u>, der Bades____, der B____sen, s____r, der Kamillent____,

das Gemüseb____t, der Schn____, das Kl____blatt, kl____ben,

die Id____, das Geb____t, die Dr____ung, der Sp____r, der F____ler

Langes o

124 Verbinde passend und fülle aus!

- der Sch**o**ß
- der V___gel
- die Himbeers___ße
- ___ne
- der B___den
- das M___s
- der Gr___ßvater
- die R___se
- b___ren
- das Segelb___t

o — oh — oo

Dehnung mit ih

125 Ergänze die passenden Pronomen: **ihm**, **ihn**, **ihre**, **ihren**!

Die Klasse 4d wählt heute ___________ Klassensprecher.

Auch mein Freund Felix steht zur Wahl.

Ich denke, ich werde ___________ meine Stimme geben.

Ich glaube, dass Felix ein sehr guter Klassensprecher sein wird

und ___________ deshalb viele Kinder ___________ Stimme

geben werden. ___________ würde ich auch wählen,

wenn er nicht mein Freund wäre.

Der Frühlingstraum

Wenn im Frühjahr die ersten Sonnenstrahlen durch mein Fenster scheinen, nehme ich mir manchmal ein Glas mit kühlem Eistee, lege mich in einen Liegestuhl und genieße die Wärme. Wenn ich die Augen schließe, träume ich vom Meer: Ich spüre den Meereswind in meinen Haaren, rieche das Salz in der Luft und höre die Warnsignale der Boote. Das macht Spaß und ich freue mich umso mehr auf den Sommer. (70 Wörter)

Fremdwörter

Mathematische Fremdwörter

126 ▸ Löse diese Rechenaufgaben!

▸ Ordne dann jeder Ziffer die passenden Buchstaben zu! So erhältst du die lateinischen Fachbegriffe. Schreibe sie darunter!

6 = PLI

4 = VI

2 = SION

8 = MULTI

3 = TRAK

7 = DI

1 = SUB

9 = AD

5 = KA

0 = TION

$1730 \cdot 5$
______

55117
− 54987
______

327
+ 643
______

1484 : 2 = ______

▸ Ergänze unter den Begriffen die passenden lateinischstämmigen Verben!

Fremdwörter aus dem Deutschunterricht

127 ▸ Schreibe die lateinischen Begriffe für die Wortarten in die Lücken!
Die Spiegelschrift kann dir helfen.

Nomen, Verben, Subjekt, Artikel, Objekt, Prädikat, Adjektive, Pronomen

Haustier und *Freundschaft* sind ________________.

Man schreibt sie groß und man kann einen ________________

(der, die, das) davorstellen. Tunwörter nennt man auch ________________.

Tunwörter und Wiewörter (________________) schreibt man klein.

Ich, du, er, sie, es, wir, ihr und *sie* können ein Nomen ersetzen.

Deshalb nennt man sie ________________.

▸ Schreibe hier die lateinischen Namen der **Satzglieder** dazu!

Peter	malt	Kühe.
________________	________________	________________

Fremdwörter im Alltag

128 Schreibe das passende Kleidungsstück dazu!

Jogginganzug, Jeans, Pullover, T-Shirt

 ________________

 ________________

 ________________

 ________________

Über Rechtschreibung nachdenken

129 Begründe, warum man die Wörter so schreibt!

Wäscheklammer

- W (groß), weil **es ein Nomen ist (die Wäscheklammer)**
- ä, weil **Wäsche mit waschen verwandt ist**
- mm, weil **der Vokal davor (a) kurz ist**

Blitzschlag

- B (groß), weil ______
- tz, weil ______
- g, weil ______

dickflüssig

- ck, weil ______
- ss, weil ______

ängstlich

- ä (klein), weil ______
- ä, weil ______

Läusekamm

- äu, weil ______
- ... zusammen, weil ______

Alles geschafft und richtig? Spitze!
Wenn du beim Rechtschreiben eines Wortes unsicher bist, versuche, Regeln für Aufpass-Stellen zu finden.

130 Wie schreibst du das Wort?

- Überlege gut und kreise richtig ein!
- Schreibe dann das Wort zum Bild!

groß oder **klein**, **ä** oder **e**; **tz** oder **zt** → Ärztin

groß oder **klein**, **b** oder **p** →

groß oder **klein**, mit **h** oder **ohne h** →

d oder **t, e** oder **eh** oder **ee** in der Mitte →

mit **zz**, **z** oder **tz** →

groß oder **klein**, **r** oder **rr**, **d** oder **t** →

131

- Schreibe die Wörter zu den Bildern und markiere die Merkstellen!
- Kontrolliere mit der Wörterliste!

- Wenn du Fehler gemacht hast, findest du im Lösungsteil Seitenangaben zu Übungen zu diesem Rechtschreibfall.

Fehler verbessern

132 ▶ Unterstreiche die falsch geschriebenen Wörter!

Am Ende des driten Schul Jahres war ich mit meiner Klasse im Schulandheim. Dort durften wir einen Fertreter des Jegerberufes kenenlernen. Wir erfuhren, das Jäger und Förster sich um die Tihre und Pflanzen des Waldes kümmern, also zum beispiel um Füxe, Ree, Beume und Piltze. Sie müssen auch darauf Achten, das immer genuk Narung im Walt vorhanden isst. Heufig haben Jäger auch einen Hunt, der ihnen dabei hilfft, kranke oder tote Tiere zu finden. Den Erzehlungen des Jägers lauschten wir voller Spannung.

▶ Hast du 24 Wörter unterstrichen? Wenn nicht, kontrolliere noch einmal!

▶ Schreibe den Text richtig auf deinen Block!

133 Hier ist die Groß- und Kleinschreibung durcheinandergeraten. Korrigiere mit ↓, wenn etwas klein- und, ↑, wenn es großgeschrieben werden muss.

Die ↑delfine sind Zahnwale und Gehören zu den Wenigen Säugetieren, Die im Wasser leben. Deshalb nennt man sie auch meeressäuger. Delfine sind die vielfältigste Und mit rund 40 arten die größte Familie der Wale. Sie sind in allen Meeren zu finden. ihre vorfahren waren Säugetiere, die auf dem land lebten. Vor Millionen von jahren gingen sie wieder zu einem leben im Wasser über. delfine besitzen einen stromlinienförmigen Körper und sind deshalb Perfekte Schwimmer. Sie werden je nach Art zwischen 1,5 und vier meter lang. Die größten Delfine, die Schwertwale, erreichen sogar eine Länge von acht bis neun Metern.

▶ Setze ein:
Ich habe ____-mal mit ↓ korrigiert und ____-mal ↑ benutzt.

134
- Unterstreiche die falschen Wörter!
- Schreibe den Text richtig auf den Block!

Verien am Mehr
Letzten Somer machten wir Urlaub am Strant. Ich mochte das Ufer des Meeres besonders gern, den Sant, die muscheln, das Meeresrauschen und die vielen angespühlten Gegenstende, die mann dort finden konnte. Einmahl fand ich sogar Zwei grosse Sehigel, die die Welen angetriben hatten.
Meine ganzen Schetze samelte ich auf meinem Handtuch. Ich sass oft im Schaten unseres sonnenschirmes und dachte mir aus, wo meine Fundstüke wohl schon überal gewesen waren.
Da liess ich gerne meine Gedanken fligen. Vielleicht schraibe ich sogahr einmal eine kleine Geschichte über meine Schazstücke!

135 Dieser Text ergibt keinen Sinn, oder doch?
- Bestimmt findest du ihn heraus, wenn du den Text mehrmals aufmerksam liest!

Drei Hunde habe ich in einem Glas voll Wasser
schwimmen meine Zierfische auf der Weide
grasen Ponys im Käfig
zwitschert der Kanarienvogel unter dem Laub
versteckt sich ein Igel auf dem Sessel
sitzt meine Katze auf der Kirchturmspitze
singt eine Amsel im Gartenteich
quakt der Frosch

- Füge Satzschlusspunkte passend ein, damit der Text sinnvoll wird und kreise die Satzanfangsbuchstaben ein:
  Drei Hunde habe ich. in einem Glas …
- Schreibe dann den Text richtig auf deinen Block!

Die wichtigsten Trennregeln

Einsilbige Wörter

Einsilbige Wörter kannst du **nicht trennen.**

136 Finde die einsilbigen Wörter in den Wörterschlangen und zeichne jeweils einen Silbenbogen darunter!

KLUGHFGSTUHLLBBSPIELÖOSCHNEEÄDSAERUNDMMGDUCCWIRP

THEFTBXYMEHRSSAFREITFSAALQWAHAHNFGHWEITPIFSCHREIBT

Mehrsilbige Wörter

Mehrsilbige Wörter trennst du in der Regel nach ihren **Sprechsilben.** Oft hilft es, zu den Wörtern zu klatschen: **Na-se, spie-len.**

Stehen **mehrere Konsonanten hintereinander,** wird in der Regel der **letzte abgetrennt: erkann-te**, **Fens-ter, But-ter.**

137 Heute gibt es Obstsalat!
▶ Trenne die Wörter nach Silben!

Ba|na|ne   Kiwi   Apfel   Birne   Mandarine   Traube

Mango   Erdbeere   Pfirsich   Aprikose   Maracuja

Ck, **ch**, **ph** und **sch** darfst du **nicht trennen.** Sie gelten als ein Laut. Folgt ein **Vokal**, gehören sie zur folgenden Silbe:

Ja-cke, **wa-schen**, aber: **Kleck-se**, **wasch-bar**.

138 Trenne diese Wörter richtig und schreibe sie so auf!

~~kriechen~~ sprechen Alphabet wachsen packen glücklich stecken Zucker Flasche Fichte

krie-chen,

Wörter aus mehreren Bausteinen

Zusammengesetzte Wörter kannst du an der **Wortgrenze trennen.** Auch **Vorsilben** werden **abgetrennt.**

139 Trenne die einzelnen Wörter bzw. Vorsilben mit **Doppelstrichen** voneinander ab! Die weiteren Silbengrenzen kennzeichne mit nur einem Strich!

Haar || bürs | te   ver || schrei | ben   Deutschprobe

Gartentürchen   riesengroß   Arztkittel

Schönschrift   wunderschön   dunkelblau   abmalen

Straßenschild   Entwurf   unterschreiben

Vorsicht!
Einzelne Vokale am **Wortanfang** oder **Wortende** werden **nicht abgetrennt**, sondern bleiben mit der **anschließenden Silbe verbunden**: nicht ~~**Ra|di|o**~~, sondern **Ra|dio**; nicht ~~**a|ber**~~, sondern **aber**.

140 Trenne diese Wörter richtig!
Achtung: Manche Wörter kannst du nicht trennen!

Ana|nas oder aber Sophia Elefant Esel
Ecke Olympia Igel Ameise biologisch Abendbrot
Amerika Ehering Oma

141 Kapitän Book will seinem Freund Säbel-Jim eine Botschaft zukommen lassen. Er verschlüsselt sie, indem er Wörter trennt und die Silben dann untereinander schreibt.
▶ Hilf Kapitän Book dabei, diesen Text in eine Geheimbotschaft zu verwandeln!

Säbel Jim, die Schatzkiste findest du schnell, wenn du hinter der Steinpalme rechts an der Ecke der großen Höhle vorbei fünfzehn Schritte Richtung altes Seefahrergrab gehst. Grabe dort zwei Meter tief. Der Schlüssel zur Truhe ist im Kombüsenkochtopf versteckt. Nun aber viel Glück!

Sä	fin						tief.		
bel					al			im	
Jim,			der				Schlüs		
				zehn					
						zwei			
							Tru		Glück!
	hin	an			grab				

Wörtliche Rede und Redebegleitsätze

Redebegleitsatz

Doppelpunkt

Redezeichen unten

Molli sagt: „Die wörtliche Rede zeigt, was gesagt wird.

Der Redebegleitsatz gibt an, wer spricht."

Punkt

Wörtliche Rede

Redezeichen oben

142 Unterstreiche die wörtliche Rede grün,
die Redebegleitsätze blau!

Drei Männer ziehen in ein Haus ein. Herr Keiner wohnt oben, Herr Dumm in der Mitte und Herr Niemand unten. Herr Dumm sagt zu Herrn Niemand: „Kommen Sie, wir gehen auf die Terrasse."
Herr Keiner spuckt von seinem Balkon aus Herrn Dumm auf den Kopf.
Herr Dumm ruft laut: „He! Was soll denn das?"
Dann geht Herr Dumm zum Wachtmeister und sagt:
„Keiner hat mir auf den Kopf gespuckt, und Niemand hat es gesehen."
Darauf fragt der Wachtmeister: „Sagen Sie mal, sind Sie etwa dumm?"
Da entgegnet Herr Dumm: „Ja, woher kennen Sie denn meinen Namen?"

▸ Markiere alle Redezeichen (Anführungszeichen) lila!

143 Diese Wörter findest du oft in Redebegleitsätzen.

▸ Kreise die Wörter ein, die zum Wortfeld **sagen** gehören!

schreien hüpfen kreischen brüllen aufwachen fragen
antworten stottern jubeln berichten erzählen erwidern
malen herausplatzen jammern singen tanzen

▸ Finde selbst noch weitere Wörter zu diesem Wortfeld!

144 Verbinde die zusammengehörenden Redebegleitsätze und wörtlichen Reden!

Erkan erzählt:	Mein Kopf tut mir so weh!
Mario schreit Cem an:	Gestern haben wir einen Ausflug gemacht.
Vater fragt Lilli:	Finger weg von meinen Stickern!
Ludwig jammert:	Jetzt hast du dein Zimmer immer noch nicht aufgeräumt!
Mama schimpft:	Wann beginnt dein Training heute?
Cem jubelt:	Hurra, ich habe eine Zwei in Mathe!

145 ▸ Schreibe die Sätze von Aufgabe **144** mit den passenden Redezeichen auf!
▸ Markiere Satzzeichen rot, Anführungszeichen lila!

Erkan erzählt: „Gestern haben wir einen Ausflug gemacht.“

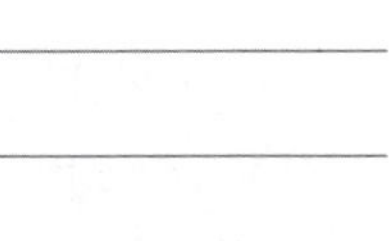

Nachgestellte und eingeschobene Redebegleitsätze

„Ich heiße Molli“, sagt Molli.
Der Punkt fällt weg. — Komma

„Hallo!“, ruft Mimo.
Das Ausrufezeichen bleibt bestehen. — Komma

„Was sind deine Hobbies?“, fragt er dann.
Das Fragezeichen bleibt bestehen. — Komma

„Ich spiele“, antwortet Molli, „besonders gerne mit Nüssen.“
Das Komma steht vor und nach dem eingeschobenen Redebegleitsatz. — Punkt

146 Redebegleitsätze können **vor** (←) oder **hinter** (→) der wörtlichen Rede stehen oder **eingeschoben** (⟷) sein.

▶ Stelle um! Setze auch die Satzzeichen und Anführungszeichen richtig!

⟷ „Ich will“, beschwert sich Verena, „noch nicht ins Bett.“

← Verena beschwert sich: „Ich will ______________________________

→ ______________________________

____

← Mama antwortet: „Wenn morgen der Wecker klingelt, bist du müde.“

→ ______________________________

____

⟷ ____

____

→ „Darf ich dann am Samstag bis 9 Uhr wach bleiben?“, fragt Verena.

⟷ „Darf ich“, ______________________________________

____

← ____

____

← Mama sagt: „Am Wochenende ist mir das recht.“

⟷ ____

____

→ ____

____

147 Ergänze alle fehlenden Satz- und Redezeichen!

Es ist wichtig sagt der Lehrer dass ihr vor und nach der wörtlichen Rede die Anführungszeichen nicht vergesst Antonia meldet sich Meine Mama sagt immer Gänsefüßchen dazu Ja, so kann man die Anführungszeichen auch nennen. Wichtig ist nur, dass ihr daran denkt antwortet der Lehrer Plötzlich schreit Peter dazwischen Nach Ausrufesätzen muss ich ein Ausrufezeichen setzen. Das bleibt auch da, wenn der Redebegleitsatz hinten steht oder eingeschoben wird Ja entgegnet der Lehrer auch Fragezeichen bleiben bestehen. Aber melde dich bitte das nächste Mal

Diktate zum Üben

Schwerpunkte: Doppelkonsonanten, Wörter mit ie – i – ih

Die Ohrenschmerzen

Letzten Donnerstag schlief Lotta schlecht und wachte mit Schmerzen auf. Sie jammerte: „Mama, mir tut mein linkes Ohr so weh, und ich glaube, ich habe Fieber." Ihre Mutter rief gleich bei der Kinderärztin an und bekam auch sofort einen Termin. Die Ärztin sah in Lottas Ohr und stellte fest, dass sie eine <u>Mittelohrentzündung</u> hatte. Sie tröstete das Mädchen und sagte: „Du bekommst jetzt Tabletten von mir, damit geht es dir bald besser." Daheim angekommen kochte Mama Lotta eine leckere Suppe und las ihr aus ihrem tollen Lieblingsbuch vor. So wurde Lotta schnell wieder gesund. (96 Wörter)

Schwerpunkte: ä/äu, k/ck, s/ss/ß

In der Kläranlage

Das Abwasser von Wohnhäusern, Fabriken und Geschäften fließt unter den Straßen durch Kanäle zur Kläranlage. Ein großer Rechen hält dort zunächst die groben Abfälle zurück. Öle und Fette, die auf dem Wasser schwimmen, werden von der Oberfläche <u>abgeschöpft</u>. Kleinere Schmutzteilchen sinken in einem riesigen Becken langsam zu Boden. In einem anderen Reinigungsbecken befinden sich winzige <u>Bakterien</u>, die Abfallstoffe auffressen. Der abgesetzte, dickflüssige Schlamm wird in hohe Türme gepumpt und verfault dort. Nach der Säuberung kann das Wasser tatsächlich wieder in unsere Flüsse geleitet werden. (87 Wörter)

Schwerpunkt: Großschreibung von Verben

Der neue Ritter

Früher konnten vor allem Söhne aus adeligen Familien Ritter werden. Oft wurden die Buben schon mit sechs Jahren in eine fremde Burg geschickt. Dort bekamen sie zunächst Arbeiten in Küche oder Stall. Die Jungen mussten lernen, wie man sich als Ritter verhält, wie man betet und nicht zuletzt, wie man ein Instrument spielt. Mit ungefähr 14 Jahren konnten sie Knappen werden. Ein Knappe half dem Ritter beim Anlegen der Rüstung und kümmerte sich um Waffen und Pferde. Vom Ritter lernte er das Reiten und das Kämpfen mit unterschiedlichen Waffen. Aber auch das Schwimmen und Klettern wurde gelehrt. Wenn der Knappe sich bewährte, wurde er mit etwa 20 Jahren zum Ritter geschlagen. Dazu musste er niederknien und dem Ritter ewige Treue versprechen. Dann gab der Ritter ihm einen Schlag auf die Schultern und überreichte ihm sein erstes Schwert.
(130 Wörter)

Schwerpunkte: Bindewort dass, Großschreibung, Doppelkonsonanten

Das Ende unseres Badetages

Am Wochenende fuhr ich mit meiner Familie und meinem Freund Rolf zum Schwimmen. Da wir uns in der Schule gerade mit Orientierung beschäftigen, bestimmten Rolf und ich die Himmelsrichtungen mit einem Kompass. Plötzlich hörten wir meine Mutter rufen, dass wir kommen und zusammenpacken sollten. Als wir fragten, was los sei, sagte sie, dass es bestimmt gleich ein Gewitter gäbe. Tatsächlich war die Hitze inzwischen irgendwie ganz drückend geworden. Papa sagte, wir müssten vorsichtig sein, denn so ein Wetterumschwung käme oft schnell. Als wir bei unserem Auto angekommen waren, sahen wir schon ein Leuchten am Himmel und hörten erste Donnerschläge. „Schau mal", rief Rolf, „mein Kompass spinnt!" Mama erklärte uns, dass ein Gewitter den Kompass stören kann. Schon begann es, in Strömen zu regnen, und wir sahen einen Blitz ganz in der Nähe. Es war gut, dass wir schon in unserem Auto saßen! Da waren wir geschützt.
(150 Wörter)

Schwerpunkt: Fremdwörter

Das neue Thema: Berufe

Unsere Lehrerin gab uns über die Osterferien die Hausaufgabe, kleine Vorträge zu Berufen vorzubereiten. Ich befragte meine Eltern, ging in ein Geschäft und rief mit meinem Handy im Bahnhof an, weil mich die Berufe Techniker, Verkäufer und Schaffner interessierten. Am Montag nach den Ferien war ich schon sehr gespannt, was die anderen Kinder in ihren Referaten vorstellen würden. Sie erzählten über Berufe wie Feuerwehrmann, Ärztin, Radiosprecher, Theaterschauspieler und sogar Medizintechniker, Clown und Experte für Recycling.
Ich hatte vorher nicht darüber nachgedacht, wie viele verschiedene Berufe es gibt. Über einige davon werde ich mich bestimmt noch genauer informieren. (101 Wörter)

Schwerpunkte: Anredepronomen, wörtliche Rede, abstrakte Nomen

Der Brief an den Bürgermeister

„Mama, ich habe einen Brief an unseren Bürgermeister entworfen. Kannst du ihn bitte für mich lesen und mir sagen, ob er so in Ordnung ist?“, fragt Ayse. „Aber natürlich“, sagt die Mutter, „gib ihn mir!“

Ayses Mutter liest:
Sehr geehrter Herr Bürgermeister Berger,
ich schreibe Ihnen, weil meine Freunde und ich so gerne in unserer Freizeit Fußball spielen würden. Allerdings haben wir hier keinen Platz dazu. Wir wohnen in der Nordstadt und es wäre schön, wenn es vielleicht eine Möglichkeit gäbe, dass Sie hier in der Nähe einen Fußballplatz bauen könnten.
Ich würde mich über Ihre Hilfe freuen und warte auf Ihre Antwort.
Vielen Dank!
Ayse Sünbül

„Das hast du ganz toll geschrieben. Dein Brief gefällt mir sehr gut“, sagt die Mutter. „Wir ergänzen nur noch den Briefkopf und bringen ihn gleich zum Rathaus.“ (139 Wörter)

Fehlerwörter – Übungswörter

Wenn du Fehler in einem Wort gemacht hast, solltest du es zu deinem Übungswort machen. Sammle deine Übungswörter in einem Heft! Hier findest du Ideen, wie du diese Wörter üben kannst.

- Schreibe deine Übungswörter auf ein Plakat! Schreibe besonders ordentlich und hänge es dorthin, wo du es oft siehst!
- Trenne die Wörter!
- Schreibe die Übungswörter mit deinen Lieblingsstiften oder in besonderen Schriften!
- Denke dir lustige Übungswörtersätze aus und schreibe sie auf!
- Suche passende Wortfamilienwörter und schreibe sie auf!
- Schreibe das Wort in Geheimschrift auf!
- Schreibe das Übungswort ganz oft hintereinander mit dem Computer!
- Schreibe dein aktuelles Übungswort auf einen Zettel und stecke ihn in deinen Zahnputzbecher, deine Jackentasche, oder das Federmäppchen! Wenn du den Zettel wiederfindest, prägst du dir das Wort gleich noch einmal ein!
- Ordne 8 deiner Übungswörter nach ihrer Silbenanzahl, dem Abc oder der Buchstabenanzahl!
- Lass dir die Wörter und Sätze mit ihnen immer wieder diktieren! Verbessere dann deinen Text und markiere schwierige Stellen!

A

der Aal
der Abend, abends
der Abfall, Abfälle
die Achse
achten, die Achtung
addieren, die Addition
das Adjektiv
der Affe
ähnlich
alle, alles
allein
alt, älter, das Alter
anders, ändern
die Angst, die Ängste, ängstlich
der Apfel, die Äpfel
ärgern
der Artikel
der Arzt, die Ärztin
aufräumen
aufwecken
der Ausflug, die Ausflüge
außen, außer, äußerst

B

das Baby, die Babys
backen, er bäckt, der Bäcker
baden, das Bad, die Bäder
der Bagger
die Bahn
bald
der Ball, die Bälle
die Bank, die Bänke
der Bär
der Baum, die Bäume
das Beet, die Beete
beginnen, er begann, er hat begonnen
begraben, das Begräbnis
das Beispiel
beißen, es beißt, er biss, der Biss
bekommen, er bekommt, sie bekam
belohnen, die Belohnung
das Benzin
beobachten
bequem
bereits, bereit
der Beruf
der Besen
besser
bestellen
beten, das Gebet
das Bett
bevor
bezahlen, du bezahlst
die Bibel
biegen, er bog
die Biene
das Bier, die Biere
bisschen
bitten, du bittest, er bat
blasen, er bläst, sie blies, die Blasen
blicken, der Blick
blind, der Blinde

der Blitz, blitzen, es blitzt
der Block, die Blöcke
bloß
blühen
die Blüte
der Bock, die Böcke, bockspringen
der Boden, die Böden
bohren
die Bohrmaschine
das Boot
boxen, der Boxer
der Brand, die Brände
die Braut, die Bräute
brav
brennen, es brannte
das Brett, die Bretter
der Brief
die Brille
die Brücke
die Büchse

C

der Chor
der Christ
der Clown
der Computer
cool
die Creme

D

dann
die Decke
deutlich
deutsch, Deutschland
dicht, dichter
dick
der Dieb
dies, diese, dieser
dividieren, die Division
der Donner, donnern
der Draht, die Drähte
draußen
der Dreck, dreckig
drehen, die Drehung
drinnen
dritte, dritter, drittes
drohen, die Drohung
der Druck, drücken
die Dummheit, dumm
dunkel, die Dunkelheit
dünn
der Durst, durstig

E

die Ecke, eckig
ehrlich, die Ehrlichkeit
die Eidechse
die Eile, eilig
einmal, zweimal
der Ekel, ekelhaft, ekelig
empfinden, empfindlich
eng, enger, am engsten
entdecken, du entdeckst
entfernen, die Entfernung
entwickeln, du entwickelst, die Entwicklung

die Erdbeere
erfahren, er erfährt, er erfuhr, die Erfahrung
erklären, du erklärst, die Erklärung
die Erlaubnis
erleben, sie erlebt es, das Erlebnis
ermitteln, die Ermittlung
ernähren, du ernährst, die Ernährung
erzählen, du erzählst, die Erzählung
essen, er isst, er aß
Europa
extrem

F

der Faden, die Fäden
fahren, er fährt, er fuhr, das Fahrzeug
das Fahrrad, die Fahrräder
die Fahrt
der Fall, die Fälle
fangen, er fängt, er fing, der Fang
die Fee
der Fehler, fehlerfrei
die Ferien
das Ferkel
fernsehen, der Fernseher
die Ferse
fertig
fett, das Fett
feucht, die Feuchtigkeit
das Feuer, die Feuerwehr
der Filzstift
finden, er fand, der Fund
finster, die Finsternis
der Fleiß, fleißig
fliegen, er fliegt, er flog, der Flug
fließen, es floss
der Floh, die Flöhe
der Fluss, die Flüsse
flüssig, die Flüssigkeit
der Förster
fotografieren
fremd
fressen, es frisst, es fraß
die Freude
der Freund, die Freundschaft
frieren, er friert, er fror
fröhlich, die Fröhlichkeit
der Frühling
der Fuchs, die Füchse
fühlen
führen, du führst, die Führung
der Fuß, die Füße

G

das Gift, giftig
ganz, gänzlich
das Gebäude
geben, du gibst, er gab
die Geburt, der Geburtstag
die Gefahr, gefährlich

	gefallen, es gefällt, es gefiel
	gefangen, das Gefängnis
der	Gegenstand, die Gegenstände
	geheim, das Geheimnis
	gehen, er geht, er ging, der Gang
	gemütlich, die Gemütlichkeit
das	Geschäft
	geschehen, es geschieht, es geschah
das	Geschenk
	gestern
	gesund, gesünder, die Gesundheit
das	Geweih, die Geweihe
	gewinnen, er gewann
das	Gewitter
	gießen, er gießt, er goss,
die	Gießkanne
das	Glas, die Gläser
	glatt, die Glätte
	glücklich, das Glück
die	Glühbirne, glühen, es glühte
	Gott
das	Gras, die Gräser
	groß, die Größe
der	Grund, die Gründe
	grüßen, der Gruß
das	Gummibärchen

H

das	Haar, die Haare
	haben, er hat, er hatte
	halten, du hältst, er hielt
der	Hammer
die	Hand, die Hände
das	Handy
	hängen, der Hang
	hart, härter
der	Hase, die Hasen
der	Hass, hassen
	häufig, der Haufen
die	Hausaufgabe
das	Heft
	heiß
	heißen, er heißt, er hieß
	heiter, die Heiterkeit
	heizen, die Heizung
	helfen, er hilft, er half
der	Hengst
	herrlich
	herstellen, die Herstellung
das	Herz
	hetzen
	heute
die	Hexe
	hier
die	Hitze
	hoch
	hocken, der Hocker
	hoffen, er hofft, hoffentlich
die	Höhe
die	Höhle, hohl
	holen, er holt
	hübsch
der	Hund, die Hunde
der	Hunger, hungrig

I

die Idee, die Ideen
der Igel
ihm (ich half ihm)
ihn (ich sah ihn)
im (im Haus)
der Imker
immer
impfen, die Impfung
in (in meiner Tasche)
informieren, Information
interessant, Interesse

J

die Jacke
die Jagd, jagen, der Jäger
jährlich, das Jahr
die Jeans
jemand, jemanden
jetzt
joggen, der Jogginganzug
die Jugend, jugendlich
jung

K

die Kabine, die Kabinen
der Käfer
der Kaffee
der Käfig, die Käfige
das Kamel, die Kamele
der Kamm, die Kämme, sich kämmen
die Kammer, die Kammern
das Känguru
die Kanne, die Kannen
der Käse
der Keks
kennen, er kennt mich, er kannte mich
das Ketchup (Ketschup)
die Kette
das Kilogramm
das Kind, die Kinder
das Kino
klar, erklären
die Klasse
das Klavier
der Klecks
der Klee
klettern
das Knie
der Knochen
der Koffer
kommen, er kommt, er kam
der Kommentar, kommentieren
der Kompass
können, er kann, er konnte
die Kontrolle, kontrollieren
der Korb, die Körbe
die Kraft, kräftig
die Krähe
krank, die Krankheit
kratzen
das Kreuz, die Kreuzung
kriechen, er kroch
der Krieg, die Kriege

die Kuh, die Kühe
kühl, kühlen
der Kuss, küssen

L

das Labyrinth
das Land, die Länder
lang, länger
der Lärm
lassen, er lässt, er ließ
das Laub
laufen, er läuft, er lief
laut, die Lautstärke
die Lava
die Lawine, die Lawinen
lecker
leer
der Lehrer, die Lehrerin
lesen, er liest, er las
letzte, letzter, letztes
leuchten
das Lid (das Augenlid)
die Liebe, lieben, du liebst mich
das Lied, die Lieder
liegen, du liegst, er lag
das Lineal, die Lineale
links
die Lippe, die Lippen
der Löffel, die Löffel
der Lohn, belohnen
lustig

M

das Mädchen
der Magnet
mähen
man (lügt nicht)
der Mann, die Männer, männlich
das Mäppchen
das Märchen
die Margarine
markieren, die Markierung
die Marmelade
das Marzipan
die Maschine
das Maß
die Medien
die Medizin
das Meer, die Meere
das Meerschweinchen
das Mehl
mehr
merken
messen, er misst, er maß, das Maß
das Messer die Messer
die Miete, mieten
der Mittag, die Mitte
mixen, der Mixer
mögen, er mag
der Monat, die Monate
der Mond, die Monde
das Moos, die Moose
der Müll
die Multiplikation, multiplizieren

das Müsli
müssen, er musste
der Mut, mutig
die Mutter, die Mütter
die Mütze

N

der Nagel, die Nägel
nah, die Nähe
nähen, die Naht
die Nahrung, ernähren
nämlich
nass, die Nässe
die Natur, natürlich
nehmen, er nimmt, er nahm, er hat genommen
das Netz
neu, neulich
nichts
nie, niemals
niemand, niemanden
das Nilpferd
das Nomen
nötig, die Not, notwendig
die Nummer, nummerieren
die Nuss, die Nüsse
nützen, nützlich

O

das Objekt
das Obst
offen, die Offenheit
die Öffnung, öffnen
ohne
das Ohr, die Ohren

P

paar (einige)
das Paar (zwei)
das Päckchen
packen, er packt
das Paket
das Papier
der Pass, die Pässe
passen, es passt
petzen, er petzt
die Pfanne
Pfingsten
die Pflanze, er pflanzt
pflegen, er pflegt
die Pfütze
der Pilz
die Pizza
das Plakat
der Platz, die Plätze
plötzlich
das Prädikat
der Preis
die Probe, probieren
das Programm, programmieren
der Pullover
die Puppe
putzen, er putzt
die Pyramide

Q

das Quadrat
quaken, der Frosch quakt
die Qual, die Qualen
quälen, du quälst ihn
die Qualle
das Quartett
der Quatsch, quatschen
die Quelle, die Quellen
quer
quietschen

R

der Rasen
raten, das Rätsel
der Raum, die Räume, aufräumen
rechnen, die Rechnung
rechts
das Recycling
das Reh, die Rehe
reiben, er rieb, die Reibung
reinigen, die Reinigung
reißen, es reißt, es riss
der Reißverschluss
rennen, er rennt, er rannte
richtig
riechen, du riechst, es roch, der Geruch
der Riese, riesig
die Ritze, ritzen
der Roller, rollen, er rollt
die Rosine
rufen, er ruft, er rief
die Ruhe, ruhig
rühren, er rührt sich
rund

S

der Saal, die Säle
die Saat, säen
der Saft, die Säfte
die Sahne
sammeln, die Sammlung
der Sand
das Saxofon
der Schall
schalten, der Schalter
scharf, die Schärfe
der Schatten, schattig
der Schatz, die Schätze
der Schi (Ski)
schieben, er schob
schief
schießen, er schoss
schimpfen
schlafen, er schlief
schlagen, er schlägt, er schlug
schließen, er schloss die Tür
schließlich
der Schlüssel
schmecken,
der Schmerz
der Schmutz, schmutzig
die Schnecke
der Schnee

	schräg
der	Schrank, die Schränke
der	Schreck, schrecklich
	schreiben, er schrieb
die	Schrift, die Schriften
der	Schuh
	schütteln
	schützen, der Schutz
	schweigen, du schweigst, er schwieg, das Schweigen
	schwierig, die Schwierigkeit
	schwimmen, er schwamm, er ist geschwommen
	schwitzen, der Schweiß
der	See, die Seen
	sehen, er sieht, er sah
	sehr
	setzen, besetzt
das	Sieb, die Siebe
	sitzen, er saß
die	Skizze, skizzieren
	sogar
der	Sommer
die	Sonne
die	Soße
die	Spaghetti (Spagetti)
der	Spaß, die Späße
	spät, verspäten
	spazieren
der	Speer, die Speere
der	Spiegel, sich spiegeln
	spielen, er spielt
die	Spinne
die	Spitze, spitz
	sprechen, die Sprache
	springen, der Sprung
	spülen
die	Stadt, die Städte
der	Stamm, die Stämme
	stark, stärken
	stehen, er stand
	steigen, er stieg
der	Stein, steinig
das/ die	Steuer, steuern
der	Stiefel
der	Stiel
der	Stier
	stimmen
der	Stoff, die Stoffe
der	Strand, die Strände
die	Straße, die Straßen
der	Strauß, die Sträuße
	streiten, er stritt, der Streit
	streng, strenger
	strömen, der Strom
das	Stück
der	Stuhl, die Stühle
der	Sturm, die Stürme, stürmisch
das	Subjekt
	subtrahieren, die Subtraktion
	süß, die Süßigkeit

T

der	Tag, täglich
die	Tanne
die	Tasse

	täuschen, du täuschst
	tausend, tausende
das	Taxi, die Taxis
die	Technik
der	Teddy, die Teddys
der	Tee
das	Telefon, telefonieren
der	Teller
der	Teppich, die Teppiche
der	Termin
der	Text
das	Theater
das	Thermometer
	tief, die Tiefe
das	Tier
der	Tiger
der	Tipp, die Tipps
die	Tonne
	träge, die Trägheit
	tragen, er trägt, er trug
die	Träne
die	Trauer, traurig
der	Traum, träumen
	treffen, er trifft, er traf, er hat getroffen
die	Treppe
	trocken, die Trockenheit
	trüb, trüber
das	T-Shirt, die T-Shirts

U

	üben, er übt
	überall
	überqueren
die	Uhr, die Uhren
	umkehren
	ungefähr
der	Unterricht
	unterwegs
der	Urlaub

V

die	Vase
der	Ventilator, die Ventilatoren
das	Verb, die Verben
	verbessern, die Verbesserung
	verbieten, er verbot es, das Verbot
	verbrauchen
	verbrennen, es verbrannte, die Verbrennung
der	Verein
	verfassen, die Verfassung
	vergessen, er vergisst, er vergaß
	verkaufen, der Verkäufer
	verletzen, die Verletzung
	verlieren, er verlor
	verpacken, die Verpackung
	verschmutzen, die Verschmutzung
	verschränken
das	Versteck, verstecken
	vertreten, der Vertreter
	verwechseln, die Verwechslung
	verwelken

die Verzierung, verzieren
viel
vielleicht
der Vogel, die Vögel
der Vokal
voll, vollständig
die Vorfahrt
vorher
der Vormittag, vormittags
die Vorsicht, vorsichtig
der Vulkan

W

wachsen, er wuchs, das Gewächs
die wählen, die Wahl, die Wahlen
während
der Wald, die Wälder
wann
wechseln
der Wecker
der Weg
das Weihnachten
weiß
die Welle
die Welt
wenn
das Werk, werken
das Wetter
wichtig
wieder
wiegen, er wog, die Waage
die Wiese
wild, wilder, am wildesten
wissen, er weiß es, er wusste es
witzig, der Witz
wohnen, du wohnst, die Wohnung
wollen, er will, er wollte, der Wille
die Wut

Z

die Zahl, zählen
der Zahn, die Zähne
der Zeh, die Zehen
zehn
die Zeit, zeitig
die Zeitung
das Zelt
zerreißen
das Zeugnis, die Zeugnisse
die Ziege
ziehen, er zieht, er zog
das Ziel, zielen
ziemlich
der Zirkus, die Zirkusse
der Zoo
der Zucker
die Zukunft, zukünftig
zuletzt
die Zunge
zurück
zusammen
der Zweig
der Zwerg
die Zwiebel

Fachbegriffe

Laute

Konsonanten = **Mitlaute**: b, c, d, f, g, h, j, k, l, m, n, p, q, r, s, ß, t, v, w, x, z

Vokale = **Selbstlaute**: a, e, i, o, u und
Umlaute: ä, ö, ü und **der Laut** y

Diphtonge = **Doppellaute**: ei, au, äu, eu, ai

Wortarten

Nomen = **Substantive/Namenwörter**: Achtung: Großschreibung!
- konkrete und abstrakte Nomen: Kind, Maus, Sofa; Angst, Tag, Urlaub
- können meist Singular (Einzahl) und Plural (Mehrzahl) bilden
- Nachsilben für Nomen: -ung, -keit, -heit, -schaft, -tum, -nis, -er

Artikel = **Begleiter**
- stehen vor Nomen: bestimmte: der, die, das; unbestimmte: ein, eine

Pronomen = **Fürwörter**
- stehen für Nomen: ich, du, er, sie, es, wir, ihr, sie (Personalpronomen)
- können Nomen begleiten: mein, dein, sein ... (besitzanzeigende Pronomen)

Verben = **Tunwörter/Zeitwörter**: Achtung: Kleinschreibung!
- gibt es im Infinitiv (Grundform) oder in der Personalform
- verschiedene Zeiten bildbar: Gegenwart, Zukunft, Vergangenheiten
- Aufpass-Stellen bleiben in der Regel in den Personalformen erhalten: rennen: ich renne, du rennst, er rennt, wir rennen, ihr rennt, sie rennt
- können zu Nomen werden: Das Rennen beginnt.

Adjektive = **Wiewörter**: Achtung: Kleinschreibung!
- beschreiben, wie etwas ist: schön, schlecht, toll, lustig
- Nachsilben für Adjektive: -ig, -lich, -bar, -haft, -sam, -los
- können zu Nomen werden: Ich habe dir etwas Schönes mitgebracht.